ANDREW PETERSON

EL
DIOS
DEL
JARDÍN

Reflexiones sobre la creación,
la cultura y el reino

ANDREW PETERSON

EL
DIOS
DEL
JARDÍN

Reflexiones sobre la creación,
la cultura y el reino

ESPAÑOL
BRENTWOOD, TENNESSEE

Para Art y Janis Peterson

Ellos imprimieron sobre mí las palabras del Señor,
hablaron de ellas sentados en casa, andando
por el camino, cuando se acostaban y cuando
se levantaban. Además, plantaron árboles.

Jesús llamó a un niño,
lo puso en medio de ellos y dijo:
—*De cierto les digo que si no se vuelven y se hacen*
como los niños, jamás entrarán en el reino de los cielos.

—Mateo 18:2-3

CONTENIDO

BIENVENIDO
A «CHAPTER HOUSE»

El niño es padre del hombre;
y desearía que mis días estuvieran conectados
uno al otro por una piedad natural.

—William Wordsworth

Esta es una historia sobre el lugar. Entonces, es apropiado que todo este libro se haya escrito en un solo lugar, rodeado de las mismas paredes, los mismos aromas, los mismos chirridos, peculiaridades y comodidades. Debido a mi trabajo, he tenido que viajar mucho, así que la mayoría de mis canciones e historias se escribieron en toda clase de lugares: cafeterías, salones de adoración en iglesias, salones de fiesta, bancos en un parque y salas de grabación. He pasado gran parte de los últimos veinticinco años en movimiento. Debido al COVID-19, a principios de 2020 tuve que quedarme varado (de manera literal y figurativa), de una manera que me permitió —me *obligó*— a trabajar en un lugar: en forma lenta, rítmica, sin el paso frenético al cual me había acostumbrado. Tuve que ejercitar mi imaginación y arrojar pensamientos por todas partes, pensamientos que trepaban como la hiedra más allá de los confines de este lugar a otros lugares en el pasado y el futuro distantes, y viajar no solo en avión o en un autobús de gira, sino en las páginas de libros y en los recuerdos conservados en fotografías.

A las pocas semanas del aislamiento primaveral, cuando Jamie y yo nos fuimos a dormir, me di cuenta de que había pasado más noches consecutivas en mi propia cama que en más de veinte años. Estaba feliz. Sí, había inquietudes económicas; sí, había una ansiedad hirviente provocada por aquel virus espantoso; sí, la muerte y la tragedia parecían estar despedazando al mundo; sí, había cosas que queríamos hacer pero que no podíamos. Pero, desde 1997 cuando nos mudamos a Nashville, nunca había estado en casa con mi esposa una primavera entera. Nunca había visto desde casa cómo la Cuaresma florecía hasta transformarse en la Pascua. Tampoco había estado presente para cada día embriagante de verano, o para ver cómo se marchitaba entre las llamas del otoño. Ciertas aves venían al comedero en ciertos momentos. En mis caminatas por pastizales bajos llegué a esperar el destello blanco de los conejos que saltaban hacia las malezas en ciertos lugares. Entre los muchos ciervos que pasaban por allí, un cervatillo huérfano se quedó durante semanas, apacentándose descaradamente en el huerto de maíz apenas más allá de nuestro auto. Aprendí a detectar a las tortugas de caja que estaban congeladas entre las malezas y me contemplaban con sus severos iris amarillos cerca del arroyo estacional. El campo de flores silvestres atraía mariposas y jilgueros. Las abejas proveían veintitrés kilos (cincuenta libras) de miel. El peral por fin produjo exactamente una pera comestible. Nos cansamos de llenar tazones de arándanos, frambuesas y frutillas, cosechadas durante las mañanas cubiertas de rocío, mientras el sol se asomaba por la colina. Las gallinas ponían huevos; los canteros elevados proporcionaban kale, cebollas y pepinos. Y como había alguien que lo cuidara a diario, el jardín del frente de la cabaña explotaba en un arcoíris de tulipanes, jacintos, dedaleras, achileas, echinaceas, delfinios, nepetas, salvia rusa, alceas, geranios, lupines y ásteres. Toda la casa parecía disfrutar el cuidado de un jardinero aficionado en el lugar. Respondía favorablemente a mí, y yo a ella. En fin, nunca antes había sentido una conexión tan íntima con un Lugar: con *este* lugar al que llamamos «The Warren», absolutamente único en todo el mundo.

Cuando nos mudamos aquí hace unos catorce años, soñaba con que un día encontraría la manera de construir una cabañita de escritura. Educamos en casa a nuestros hijos (lo que en realidad significa que Jamie educó en casa a nuestros hijos), así que era difícil encontrar un lugar tranquilo para escribir. La vida era ajetreada y el presupuesto ajustado, así que era imposible pensar en construir algo. Me las arreglaba trabajando en mis libros en alguna cafetería local y escribía canciones en nuestra sala de estar ya tarde por la noche, después de que todos se habían ido a dormir. De las canciones que escribí en casa con el correr de los años, compuse el 99 % entre la medianoche y las cuatro de la mañana. Entonces, hace unos cinco años, vino a visitarnos una amiga de otra ciudad. Le hicimos una visita guiada de la propiedad, y al final, ella me preguntó: «Pero ¿dónde trabajas *tú*?». Nos reímos. Le dije que tenía la esperanza de construir un lugar algún día, pero que no podíamos costearlo. Me di cuenta de que estaba maquinando algo en su cabeza. Unas semanas más tarde, recibimos un cheque por correo, junto con una nota que decía: «Esto es para los cimientos. Manos a la obra».

Ella sabía que, si tan solo podía dar el salto y ponía los cimientos, encontraría la manera de terminar. Tenía razón.

Gracias a la ayuda de varias personas generosas, alrededor de un año más tarde, terminé la construcción de esta cabañita de escritura, a la cual llamé «Chapter House» [Casa del capítulo]. Encontré un viejo piano de 400 dólares en línea y lo coloqué en una esquina, y el primer día que me senté a trabajar en una canción, incliné la cabeza y lloré lleno de gratitud. En este lugar llamado Nashville, hay un lugar que se llama The Warren. Y aquí en The Warren, apenas más allá del arco de piedra y del cantero de tulipanes, hay un lugar llamado Chapter House. Ahí fue donde se escribió cada frase de este libro.

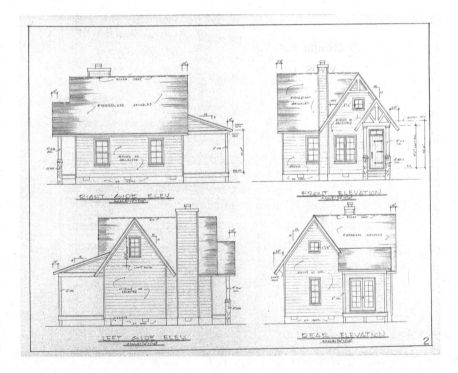

Las paredes están aisladas con libros y decoradas con cuadros. Está el cuadro que compré en Nome, Alaska. También la acuarela de St. Francis que mi hijo hizo para mí. Sobre el piano, hay una estatuilla de Janner y Kalmar Wingfeather, un regalo de mi amigo escultor, Scott. En una esquina, hay una mesa donde dibujo árboles. Junto al piano, una guitarra con bellísimas incrustaciones cuelga de la pared. Debajo de la ventana, hay un reclinatorio antiguo de roble de Inglaterra, donde enciendo una vela y oro en mis mejores días. No pasa un día sin que dé gracias a Dios por este lugar dentro de un lugar, dentro de otro lugar que amo.

La mayor parte de Chapter House está hecha de árboles. El techo, el suelo, la puerta de entrada, las estanterías, la mesa para dibujar, la repisa y el marco de la chimenea solían ser árboles vivos. Eso tiene un gran significado. Otra cosa que hace que una casa sea significativa son las historias que alberga. Nuestros cuerpos necesitan un lugar para vivir, y los lugares donde vivimos necesitan cuerpos que los habiten. Los humanos fuimos creados para cuidar el mundo, y el mundo fue creado para ser cuidado. Esta historia sobre el lugar está enmarcada de árboles, pero no se trata tan solo de árboles. Los árboles son el marco mediante el cual estas historias se escribieron y se entienden... y si no se entienden, al menos, se exploran. Los troncos de varios de los árboles grandes aquí en The Warren tienen tablas de 5x10 cm (2x4 pulgadas) que mis hijos clavaron, una sobre otra, para poder alcanzar las ramas de más arriba. Los capítulos de este libro son como esas tablas, hechos de árboles y fijados a los árboles para alcanzar el mundo asombroso del estrato superior, y también para obtener una perspectiva nueva e iluminadora del suelo.

Los árboles tienen que estar quietos para poder crecer. Nosotros necesitamos estar quietos para ver que la obra de Dios en nosotros y a nuestro alrededor suele ser lenta y tranquila, paciente y constante. Fue en esa tranquilidad que me senté aquí en Chapter House, observando por sus ventanas cómo la creación cambia de ciclo, para indagar en el suelo del pasado, para ramificarme al aire del presente y estirarme hacia los cielos del reino venidero.

Así que todo empieza con una semilla de arce atrapada en una ráfaga de viento, que se eleva por encima de los aleros de Chapter House, va más allá del río Cumberland, sobrevuela las praderas de caballos de Kentucky y se dirige a las amplias planicies del centro de Illinois. La semilla baja haciendo un molinete y descansa en el patio de una pequeña casa de ladrillos donde un muchachito juega con sus hermanos.

No son conscientes de todo lo bueno que tienen.

DOS ARCES, UN CORNEJO Y UN ÁRBOL PARA PENSAR

Todo prado, arboleda y arroyo pequeño
La tierra, y toda cuestión general,
En un tiempo parecían ataviados de luz celestial,
La gloria y la frescura de un sueño.
—William Wordsworth

Dos arces.
Uno grande y uno pequeño.

Es lo primero que recuerdo de mi infancia en Monticello, Illinois. Si estuvieras buscando un lugar donde filmar una película que se desarrolla en la versión más pintoresca e idílica del típico pueblito estadounidense, Monticello sería el lugar ideal. Había una plaza con una heladería y una pizzería en la otra esquina. En verano había luciérnagas y quitanieves en invierno, había juegos de *softball* en el parque y bravucones en el patio de juegos. Incluso teníamos tornados de vez en cuando que arrasaban con kilómetros y kilómetros de campos de maíz y astillaban los viejos graneros.

Nuestra familia vivía en la casa parroquial, una casita humilde que pertenecía a la iglesia, y donde el predicador vivía sin pagar alquiler. Si mirabas la pequeña casa de ladrillos desde la calle State, veías a la derecha un maizal que bordeaba el patio del costado y se extendía hacia atrás varios cientos de metros. El borde del maizal giraba a la izquierda y rodeaba el patio y el edificio de la iglesia, después se inclinaba hacia el camino a la izquierda y más allá de la iglesia, y nos cercaba todo el verano con una pared verde que se mecía. En el patio, entre la casa y el maíz, había dos arces: uno grande y otro pequeño. No sé si los habían plantado en momentos diferentes, o si quizás uno habría perdido sus ramas superiores en alguna tormenta, pero tengo el vago recuerdo de referirnos a esos árboles como «grande» y «pequeño».

Probablemente nunca lo haya dicho en voz alta, pero después de todos estos años y kilómetros de distancia, si cierro los ojos y pienso en Monticello, lo primero que veo es aquellos dos árboles frondosos en primer plano frente a un mar de maíz alto y verde, y maíz que se extendía hacia el infinito debajo de una bóveda de un azul brillante. Otro recuerdo borroso: trepar por una escalera de madera entre las ramas sombrías para maravillarme ante cuatro huevos azules como el cielo, contenidos en su nido de ramitas. Era el año 1980. Yo tenía siete años.

Maíz. Cielo azul. Dos arces, uno grande y uno pequeño. Esas cuatro cosas encapsulan gran parte de mis recuerdos de la infancia. Nunca me enteré de quién plantó esos árboles, pero si lo supiera, se lo agradecería. Son una parte tan importante de mi historia como aquella casita y las personas que vivían en ella. En la película *Qué bello es vivir*, hay una escena en la que un George Bailey borracho estrella el auto contra un árbol. El dueño de la casa le grita: «¡Mi abuelo plantó ese árbol!». Es un momento pequeño en una gran historia, pero siempre me encantó. Era como si hubiera dicho: «Estoy arraigado a este lugar. Soy parte de una historia más grande. Me importan las cosas duraderas, y lo que se transmite de generación en generación. Me importa lo que crece y da sombra, la creación y el gran alcance de las épocas». Estos árboles no eran míos, pero ojalá lo hubieran sido.

Desde una distancia de cuarenta años, veo a ese niño trepando por las ramas de los arces para mirar los huevos y quiero abrazarlo. Incluso ahora, mi corazón se conmueve y me cuesta contener las lágrimas por la tristeza de lo que se perdió, y de lo que se perdió tan pronto. El dolor llegaría pronto, pero todavía no lo sabía.

Recuerdo un movimiento pasivo, casi automático, a través de los días, tomar nota de momentos que ahora me parecen preciosos e inmaculados, pero que en ese entonces se consideraban un hecho práctico aunque no menos maravilloso por eso: un conejo que se desvanecía en las sombras verdes que proyectaba la frondosa pared de maíz, la luz del sol que calentaba el campo de frutillas, la gata que daba a luz sobre una pila de ropa para lavar, la conversación incesante de los miembros de la iglesia en el aire limpio del estacionamiento después de la reunión del domingo, el camino silencioso hasta la escuela primaria Lincoln en el mundo sereno de una mañana nevada. Ese capítulo de mi niñez acunaba una profunda inocencia, por lo cual ahora me resulta desconcertante que haya invitado con tanto entusiasmo semejante pecado a mi corazón un día en la escuela, cuando el Día del Libro, mi amigo llevó de contrabando una de las revistas de su papá desde su casa; desconcertante que haya pasado el primer y segundo grado con el miserable terror de que me llamaran o incluso me miraran;

desconcertante que el muchachito dorado que era pudiera deslustrarse con tanta facilidad y de forma tan voluntaria.

¿Qué pasó? Por más que me esfuerce, no puedo encontrar nada en el paisaje de recuerdos de Monticello que lo explique. Los días veraniegos brillaban con azul y verde y dorado, las noches, con luciérnagas, y los inviernos, con la nieve bañada de luz de luna. Los dos arces enmarcaban el patio y ofrecían su sombra en junio, su gloria en octubre, sus contornos austeros en febrero y sus pimpollos bermejos en abril. Eran centinelas benevolentes, que observaban cómo el niño y sus hermanos se escapaban a las filas de maíz, perseguían al *cocker spaniel* y se deslizaban por la pila de nieve en el estacionamiento. Siempre presentes, arraigados al suelo de una manera que sugiere permanencia, los arces aun así siempre estaban cambiando, siempre ahondando sus raíces, extendiendo sus ramas más arriba y afuera, ensanchando sus troncos un anillo por año; siempre meciéndose en el viento, brotando, suspirando, crujiendo, jactándose en verano y sonrojándose en otoño. Me encantaban esos arces. Cuando pensamos en los árboles, nos imaginamos obeliscos robustos e inamovibles, pero están llenos de vida, impregnados de movimiento y crecimiento. Sí, los árboles permanecen quietos. Pero también danzan. Y se rompen.

———

En 2016, tuve un concierto en Champaign, Illinois, que queda a unos veinte minutos de Monticello. La buena gente que promocionaba el espectáculo me permitió tomar prestado un auto para poder ir hasta ahí y evocar el pasado durante algunas horas antes de la prueba de sonido. Estaba muy emocionado, y tenía la esperanza de que algo disparara un nuevo recuerdo. La infancia es un álbum de fotos con la mayoría de las páginas en blanco, y yo estaba a la caza de algunas Polaroids para devolver a su justo lugar. Tal vez esta sea una analogía mejor: la infancia es un museo de arte que ha sido saqueado por el tiempo, y allí en las paredes vacías, debajo del deslucido contorno rectangular donde solía haber un cuadro, hay pequeñas placas que rezan: «La fuente de tu ansiedad», «La razón por la cual anhelas tanto ser amado», «El día en que te enteraste de que el mundo estaba roto» y «El día en que supiste que estabas tan roto como el mundo».

Avanzamos en el dolor, y la presencia de dolor exige una respuesta. Cuando te golpeas un dedo del pie en la oscuridad, no te conformas con saltar de aquí para allá un minuto y después te vas a dormir... enciendes la luz para ver qué te lastimó. Es cierto, quería rescatar algo de la inocente maravilla de la infancia en Monticello, una etapa de mi vida que hace mucho que considero una suerte de Edén, pero la expedición era más que eso. Tal vez, había reprimido la verdad. Me había lastimado, y quería encender la luz para entender qué me había dañado. Quizás había alguna presencia siniestra incluso ahí en ese pueblito paradisíaco que me había marcado, formado, arruinado, y de manera inconsciente, yo había quitado los cuadros de la pared y los había guardado en el sótano.

Estaba en busca de nostalgia, sí, pero aquí tienes otra verdad: tenía miedo de lo que podía llegar a encontrar.

Conduje hacia el oeste desde Champaign, bajo un cielo gris y aburrido. El rastrojo de los tallos de maíz en aquellos campos amplios y enlodados era lo único que quedaba de la cosecha del mes anterior. Cuando salí de la autopista para ir a Monticello, apagué el GPS, decidido a encontrar mi camino sin él. De inmediato, llegué al cementerio donde mi hermano y yo solíamos andar en bicicleta a través de un bosque ondulado y lleno de tumbas y árboles viejos, donde siempre sentía un escalofrío de intriga entre todos aquellos huesos guardados entre las raíces. Pasé por la plaza principal, donde nuestra familia a veces se sentaba en una pared de piedra frente al palacio de justicia para tomar un helado después de la iglesia. Mientras conducía, no pude deshacerme de la sensación de que el pueblo guardaba algún secreto para entender mi infancia un poco más, pero lo único que tenía eran fragmentos. Seguí por las calles frías y tranquilas más allá de la escuela primaria, donde una tarde invernal casi me congelo esperando que mi hermano me acompañara a casa. Se había olvidado de buscarme, y yo lo esperé obedientemente tanto tiempo que me quedé dormido sobre una pila de nieve. Mis padres me encontraron después del anochecer. Un recuerdo escalofriante, si me perdonas el juego de palabras, pero nada nuevo. Por fin me abrí paso al norte, más allá de la biblioteca con el busto del caballo en el frente, más allá del museo de los trenes que conmemora las visitas de Abe Lincoln al pueblo antes de la presidencia, y luego una hilera de casas de arquitectura neogótica inusualmente grandes, llamada «La hilera del millonario», hasta… ¡ahí estaba! La Iglesia Cristiana Monticello, y la casa parroquial donde vivíamos.

Tal vez haya sido distinto para las personas que se quedaron, cuyos años de recuerdos llenan cada rincón. Como nos mudamos cuando yo tenía siete años, los recuerdos quedaron en el tiempo, una serie de viñetas congeladas en ámbar. Fui como flotando por las calles bordeadas de árboles, como un fantasma, silencioso y atento a cada detalle, más como un observador que un participante, como si todos los demás fueran por la vida con anteojeras y yo solo pudiera ver el pueblo por lo que realmente era. Pero aquí yace el misterio: «lo que realmente era» me seguía velado incluso a mí, como una palabra en la punta de la lengua, o la pieza de la esquina de un rompecabezas que es imposible de encontrar.

Tal vez parezca extraño, pero cuando era pequeño, y estaba solo en el patio o en mi habitación, recuerdo susurrar para mis adentros con un escalofrío de asombro: «Yo soy *yo*». Era un individuo. Entre todos los engranajes y pistones del universo, este pequeño perno al menos era sensible y consciente de sí mismo, con la capacidad de formar pensamientos y de reconocerse como un ser separado y consciente con voluntad propia. De todas las cosas que podía elegir para pensar, ya fueran camiones o jugar a las escondidas, o el color de las nubes, de vez en cuando detenía lo que estaba haciendo y me obligaba a pensar en mi propia persona como miembro del universo. «Yo... soy... *yo*», pensaba, y luego me estremecía otra vez. Mi cerebro crujía. Era alguien en particular. Era un Quién. No tan solo un Qué. Y era un Quién que podía pensar respecto a ser un Quién. Y ese Quién adulto ahora se abría paso como un fantasma por las calles de Monticello en diciembre, incapaz de determinar el Qué que tenía que descubrir.

Estacioné el auto en el estacionamiento arenoso de la iglesia, salí al frío viento de la pradera y miré para todos lados. El maizal ya no estaba; había sido reemplazado por una pequeña urbanización y una expansión del edificio de la iglesia. Divisé unos manzanos silvestres frente a la iglesia, y de repente recordé haber comido su fruto amargo después de una reunión de domingo por la noche.

¡Ah! Por fin, un nuevo recuerdo. Y uno bueno, además.

Me dirigí al fondo de la casa y busqué mis dos arces. Pero ahora había varios árboles, y era invierno, lo cual dificultaba distinguir los míos. Había dos que parecían del mismo tamaño, ambos bastante grandes, y me pregunté si me habría inventado la parte de que había uno más pequeño. Además, estaban en el lugar equivocado, lo cual me llevó a preguntarme si serían los árboles originales. Los arces crecen hasta sesenta centímetros (dos pies) por año, así que cuarenta años habrían sido suficientes como para que dominaran el panorama.

Si tuviera que elegir un árbol favorito, creo que sería el arce, no solo porque está adherido a mis recuerdos más tempranos de los árboles, sino porque el arce tiene algo inherentemente agradable. En un sentido platónico, para mí son la forma de un árbol. Cuando un niño dibuja un árbol (un tronco marrón con una masa informe verde arriba), siempre supongo que es un arce. No solo tienen una proporción agradable, sino que se encienden en otoño, y el crujido de esas hojas anaranjadas y marrones sobre el suelo conjura imágenes de calabazas, fogatas y niños como yo disfrazados de Luke Skywalker para Halloween. Un arce puede parecer algo místico cuando todavía le queda un poco de verde incandescente en el centro de la cubierta fogosa… mucho mejor si se mira desde abajo en un día claro y sin nubes. Un viejo arce que fanfarronea en octubre es evidencia del deleite de Dios. Todo eso y, además, dan jarabe.

Cuando nos mudamos a The Warren en el verano de 2008, Jamie y yo no veíamos la hora de admirar los colores otoñales cuando cambiara la temporada. Pero ¡ay!, no pasó demasiado. Tenemos muchos almeces, cuyas hojas se suelen marchitar y ennegrecer, y la mayoría de los otros árboles de la propiedad son sabinas coloradas. Supongo que son bastante lindos y proveen alegres pinceladas de verde en medio del invierno lúgubre; pero en ese momento no nos interesaba la robustez de un verde oscuro e invernal, queríamos la gloria efímera del otoño. Aquel primer octubre en The Warren deambulé por el bosque tupido en busca de cualquier señal de aquel color de Illinois, y para mi deleite, descubrí un arce azucarero pequeñito en nuestra propiedad, que resplandecía con timidez en medio de un montón de ligustros. Era apenas más alto que yo. Los arces azucareros son nativos de esta parte de Tennessee, pero los arbustos invasivos (por todas partes, ligustro y madreselva Tatarian) los han ahogado. ¿Cómo se las arregló esta única semillita suertuda para aterrizar, encontrar lugar, germinar y luego abrirse paso hacia arriba desafiando los arbustos? Enseguida llevé mi vengativa motosierra a los arbustos y limpié un buen espacio alrededor del arce, dándole a sus ramas un poco de aire. Eso fue hace trece años, y ahora mide al menos seis metros (veinte pies) de altura. El tronco sigue midiendo tan solo unos diez centímetros (cuatro pulgadas), así que faltan unos veinte años más hasta que pueda colocarle una toma y engullir su savia con mis panqueques. Tendré sesenta y seis años. No tengo problema de esperar.

Hay un viejo proverbio chino que dice: «El mejor momento de plantar un árbol es hace veinte años; el segundo mejor momento es ahora». He caminado por bosques de arces en Vermont con envidia en mi corazón, porque lleva generaciones que los arces crezcan tanto. Al parecer, todos los árboles de ese lugar tenían una toma y una cubeta para juntar la savia aguada. Si sigo avanzando con mi motosierra, tal vez viva para ver el regreso de los arces a The Warren.

Pero estos arces del patio de Monticello no parecían tan antiguos. Volví a mirar a mi alrededor, sintiendo desilusión y confusión. ¿Qué recordaba realmente? Estaba el lugar donde solía descansar el campo de frutillas; vi la conejera donde alguna vez había vivido nuestro conejito Henry, al cual encontré muerto una mañana; ahí había una pila de tierra donde jugaba con mi tractor John Deere de juguete. Pero ninguna de las *cosas* estaban ahí. Tan solo espacios vacíos. Además de la casa, todo lo que recordaba estaba en el lugar equivocado o no estaba (incluido el maizal) y, tristemente, era imposible resolver el tema del arce grande y del pequeño. No podía estar seguro de si eran los mismos árboles. Para ser sincero, fue bastante deprimente.

Entonces, emergió un nuevo recuerdo: el esqueleto de un gato debajo de una rejilla de resumidero en el patio de adelante. Mi hermano y yo lo encontramos ahí tirado en las sombras un día de verano, y fue como desenterrar un tiranosaurio rex. Recuerdo haberme preguntado cómo habría muerto, cuánto haría que estaba ahí y si sería la mascota de alguien. Creo que lo tocamos. Les eché una mirada hosca a los arces que tanto me habían desilusionado, metí las manos heladas en los bolsillos de mi chaqueta y volví caminando a la calle por la acera hacia el sur, buscando la rejilla. Sabía que el esqueleto no estaría ahí, pero quizás esa rejilla disparara algún recuerdo nuevo. Lamentablemente, no había ninguna rejilla. Ni siquiera algo parecido. Me sentí desorientado, porque todavía la veía en mi mente. ¿Cómo podía ser que recordara algo con tanta claridad que sencillamente no estaba ahí? ¿Era mi memoria tan poco fiable? La rejilla de un sumidero no es la clase de cosa que desaparece. No sabía qué pensar.

«Pensar».

La palabra disparó otro recuerdo. *El árbol para pensar.* En un instante, vi a nuestra familia en mi mente: los seis Peterson sentados en silencio en círculo, con las espaldas contra el inmenso tronco de un árbol. Me costaba quedarme quieto, así que jugaba con una hojita de césped. Intenté recordar más, pero no pude. Eso, y el nombre que le habíamos puesto al árbol: «El árbol para pensar».

Directamente cruzando la calle desde nuestra casa y la iglesia, estaba el parque Forest Preserve, un precioso espacio boscoso con pabellones y mesas para picnic y, a un costado, varias canchas de *softball.* ¡Canchas de *softball!* Otro recuerdo: un atardecer, las sirenas de tornado empezaron a sonar, llenando el cielo gris y tormentoso de malicia. La multitud de maíz alto siseaba una advertencia en medio de las ráfagas de viento. Los jugadores de *softball* corrieron a cubrirse, y uno terminó en nuestra casa, empapado y sin aliento en su uniforme. Nos agazapamos todos en el baño a esperar que pasara la tormenta. No recuerdo si hubo un tornado, pero sí me acuerdo de que él era un extraño que necesitaba refugio, y mis padres lo recibieron con brazos abiertos.

En alguna parte entre aquellas canchas de *softball* y nuestra casa estaba el árbol para pensar. Tenía un leve recuerdo de sentir entusiasmo cuando mis padres anunciaban una visita. ¿Realmente íbamos ahí a pensar? Abandoné la búsqueda de la rejilla del gato muerto y crucé la calle State hacia el parque. Encontré un roble gordo y viejo que era lo suficientemente grande como para haber sido el árbol para pensar, tal como lo recordaba. Pero una rápida mirada a mi alrededor me mostró que había varios contendientes. Ah, cómo me hubiera gustado saber exactamente cuál era el árbol. Me senté y me apoyé contra el tronco un rato, temblando en el aire frío y los recuerdos cálidos. Era una sensación agradable, pero me hubiera gustado poder estar seguro. Y seguía sin saber qué hacíamos ahí como familia. Le envié un mensaje de texto a mi papá en Florida y le pregunté al respecto.

No recuerdo exactamente qué clase de árbol era, pero era uno grande que daba mucha sombra. Estaba cruzando la calle del lado sur del parque. Solía retirarme allí para pasar tiempo a solas, meditar y orar. A veces, íbamos ahí a leer o compartir historias. A menudo, pienso en él y voy hasta ahí en mis pensamientos. A tu mamá le gustaba ir ahí a estar un rato tranquila. Como no teníamos un árbol adecuado en la iglesia, adoptamos ese. Recuerdo que, a veces, querías ir solo y te advertíamos que tuvieras cuidado al cruzar la calle.

Por fin, ahí estaba.

No era un recuerdo nuevo precisamente, pero era información nueva. Una pieza de la esquina del rompecabezas. En la pared del museo de arte de la infancia sonreí, mientras colgaba un cuadro del árbol para pensar junto a la placa que decía: «Por qué me siento cerca de Dios cuando estoy solo en el bosque».

Porque mi mamá y mi papá me dieron el ejemplo de eso.

Me levanté y volví a la calle, con la idea de cruzar hasta mi auto y seguir mi viaje. Tenía que volver para la prueba de sonido. Sin embargo, miré ligeramente a la derecha y divisé un cartel de venta frente a una casa de aspecto tenebroso. Las ventanas eran oscuras. Había una pila de botellas vacías y muebles rotos en el jardín del costado, que estaba lleno de malezas invernales muertas y marrones. Con un poco de trabajo, podría haber sido un lugar encantador, y durante unos tres segundos, soñé despierto con comprarlo y mudarme de regreso a Monticello para vivir mis años de jubilado. Fue un pensamiento agradable y pasajero, y cuando volví al presente, no pude deshacerme de la sensación de que el lugar parecía espeluznante. Caminé hasta ahí y me paré frente a la casa abandonada, esforzándome por recordar algo, *cualquier cosa*, al respecto, o a las personas que habían vivido ahí. Con un espanto cada vez más grande, empecé a sospechar que había estado en esa casa antes. Después de todo, era nuestro vecino más cercano. O nuestra vecina. O nuestros vecinos.

¿Habría algún secreto oscuro ahí? ¿Acaso había deambulado hasta el árbol para pensar un día de verano y me habían atraído adentro con algún engaño...?

No.

No podía pensar eso. Pero ¿por qué no tendría ningún recuerdo de este lugar, de estas personas? En un pueblito como Monticello, mis padres sin duda habrían conocido a sus vecinos. Espié por la ventana del frente y no vi ningún mueble ni señal de vida. Ya nadie vivía ahí. Después de echar una mirada furtiva a mi alrededor, me deslicé a la parte de atrás de la casa y me abrí paso entre las malezas altas, buscando y buscando algo que soltara algún recuerdo y explicara mi malestar. No exagero cuando digo que estaba aterrado de recordar algún suceso traumático, y tenía el pulso acelerado mientras luchaba por reprimir las lágrimas. En el museo mental de arte, intentaba no imaginar una placa que dijera: «Por esto es que estoy tan roto».

Pero no podía dejar de buscar.

Entonces, en lo profundo de las malezas del patio, vi varios postes de cerco separados por unos veinte metros (veinte yardas), con alambre oxidado estirado entre ellos. Malezas y zarzas ahogaban el suelo debajo del alambre. En algún momento, se había cultivado algo ahí. El viento se intensificó y escuché un leve matraqueo metálico. Un destello captó mi mirada y separé las malezas para ver qué había. En el suelo, había clavado un marcador metálico con una pequeña etiqueta de metal, grabada con letras, como si fuera una medalla de identificación para perros.

PAEONIA DAURICA

El viento persistía, y el matraqueo también. Encontré otra etiqueta, y después otra:

PAEONIA PARNASSICA
PEONÍA DE CALIFORNIA

Peonías. Filas y filas. La gente que vivía ahí cultivaba flores.

Le envié a mi mamá un mensaje al respecto.

Esos eran el Sr. Scott Barnes y su esposa, que cultivaban peonías y hemerocallis en su granja. Era bellísima en primavera.

Y así como así, el terror se disipó y salió el sol. Eran buenos vecinos que trabajaban para cultivar cosas hermosas, y evidentemente, íbamos ahí con mi familia en primavera para ver la bella variedad de flores. Ahora, tengo seis plantas de peonías en mi cabaña, y siempre me encantaron. Qué curioso cómo la marea nos lleva hacia atrás y adelante, iluminando los días del hombre con anhelos de los cuales no conoce la fuente, y susurrándole al niño que, un día, cultivará sus propias glorias.

¿Quién sabe si habré vagado hasta el campo de flores después de un largo silencio en el árbol para pensar? ¿Acaso el amable Sr. Barnes me habrá saludado bajo el sol primaveral, con tijeras de podar en mano, como el típico jardinero? Tal vez había alguna serpiente en el jardín, sí, pero seguía siendo un jardín. Estaba tan concentrado en la serpiente que me perdí el millón de pétalos coloridos. Experimenté una fresca bocanada de alivio y me paré en lo que había sido un campo de peonías del tamaño de pelotas de *softball* y del color del glaseado de una magdalena. Resultó ser que esta casa no me había lastimado. Me había dado belleza. Me guardé una de las etiquetas. Ese día, durante la prueba de sonido, la tenía en el bolsillo, y cada vez que la tocaba, pensaba: *En los recuerdos hay dolor, pero también hay belleza. Al volver y escarbar hondo tal vez desenterremos huesos, o quizás algún tesoro. No tengas miedo.*

Había ido a buscar un cadáver y había encontrado una flor.

Era hora de partir. Volví a cruzar la calle hacia el auto, y noté que, en el jardín del frente de la casa parroquial, había un hermoso cornejo durmiente. Hice una videollamada con mi papá para mostrarle dónde estaba, y me dijo: «¡Oye, yo planté ese árbol!». Me acerqué y toqué el árbol. Envió corrientes eléctricas desde las yemas de mis dedos a mi cerebro, palpitando con el tiempo y el crecimiento lento de las cosas, y las evidencias silenciosas de que lo que hacemos a veces dura más de lo que podemos comprender.

Espero que nuestra propiedad en Nashville siga en la familia cuando mis nietos sean ancianos, y espero que protejan los árboles que planté allí, por si acaso hay algún Jorge Pérez que se embriague y se estrelle contra uno. Espero que los nietos trepen para inspeccionar los nidos de los petirrojos.

Espero que les pongan nombres a los arces. No me conocerán, pero sí sabrán que me encantaban los árboles, y tal vez también sientan el tamborileo del tiempo cuando, en un día fresco de otoño, toquen un árbol que con mucho amor puse en la tierra tantos años atrás. Mi papá no era el dueño de aquella casa parroquial en Illinois, pero ese árbol sí es suyo. Parado allí en el frío de Illinois aquel día, también sentí que era mío.

III

LOS ENTS DEL SUR

Pero hay un árbol, uno en un manojo,
Un solo campo en el que puse el ojo,
Ambos hablan de algo pasado;
Los pensamientos en flor repiten
el mismo relato recordado:
¿Adónde se escapó la idealista memoria?
¿Dónde están ahora, el sueño y la gloria?

—William Wordsworth

El arce tal vez sea mi favorito, pero hay otro que le sigue de cerca, uno que no intentaría cultivar en Tennessee aun si pudiera, porque pertenece al sur más profundo.

En Lake Butler, Florida, junto a la oficina postal en el centro, hay un roble vivo (*quercus virginiana*) que me ha abrumado desde que puse mis ojos en él por primera vez a los diez años. Cuando nos fuimos de Illinois en 1980, nos mudamos a Florida, donde habían crecido mis padres. Después de unos años problemáticos a las afueras de Jacksonville, terminamos en Lake Butler, una vez más en la casa parroquial, esta vez junto a la iglesia en el centro de la ciudad. En esencia, era una versión sureña de Monticello; lo cual quiere decir que, si estuvieras buscando un lugar para filmar una película establecida en un pueblito idílico del sur, este sería el lugar ideal. A dos cuadras de nuestra casa, bajo una cuesta larga y gradual que era lo más cercano a una colina que teníamos, estaba el lago que llevaba el nombre de la ciudad: un laguito circular y poco profundo de alrededor de un kilómetro y medio (una milla) de largo. El agua tenía el mismo color que el té helado (gracias a miles de años de tanino filtrado de los árboles de Florida), y las orillas pantanosas estaban llenas de totoras, cipreses de los pantanos y caimanes.

Los bosques que nos rodeaban (al menos, para mí) no eran bosques de verdad, sino más bien grandes campos de pinos flacuchos en fila... como el maíz, pero más altos y mucho menos atractivos. De las distintas especies de pino en Florida, el más común es el pino ellioti (*pinus elliottii*), que se cultiva para hacer durmientes, madera y pulpa de papel. De vez en cuando, al cambiar el viento, se sentía el olor húmedo y desagradable del molino de pulpa afuera de la ciudad, y siempre había camiones retumbando por la ciudad, mientras llevaban largas pilas de pinos recién cortados. Debido al olor, el dominio de los horribles (si es que útiles) arbolitos y la organización deprimente de su plantado, tengo buena razón para mi desprecio por los pinos elliotis. Pero los robles vivos eran algo absolutamente distinto: ents oscuros e imponentes, tan antiguos como el océano y parduscos como magos. Y había varios de estos maravillosos y viejos gigantes que vigilaban nuestro pueblito. A fines del siglo XIX, el célebre naturalista John Muir describió su primer encuentro con la «grandeza calma e imperturbable» de los robles vivos en una plantación de Georgia de la siguiente manera:

Son los árboles más magníficos que he visto, con unos quince metros (cincuenta pies) de altura, y tal vez un metro (tres a cuatro pies) de diámetro, con copas amplias y frondosas. Las ramas principales se extienden de manera horizontal hasta que se unen sobre la entrada, cubriéndola como una enramada a lo largo, mientras que cada rama está adornada como un jardín con helechos, flores, hierbas y palmetos enanos.

En su caminata de 1600 kilómetros (1000 millas) desde Indianápolis hasta Florida, Muir siguió las vías del tren desde Jacksonville, al sur hacia Cedar Key en el golfo, así que habrá tenido que pasar por en medio de Lake Butler. Cuanto más viejo me pongo, más me doy cuenta de lo especial que era realmente ese pueblito.

Desde nuestro porche delantero, podíamos ver la oficina postal, la biblioteca, la cárcel, el palacio de justicia, la oficina del dentista, la tienda de ramos generales Western Auto, Andrew's Drugs (que ostentaba un restaurante), y la tienda de artículos varios Handy Way. Como mencioné, el lago, junto con su zona de recreo y su pista de patinaje anticuada, estaba a unas pocas calles de nosotros. Si tiraba una flecha con buena puntería, podría haberle dado a la casa funeraria o a la barbería en la calle principal. En el borde de la ciudad, a solo un paseo en bicicleta de distancia, había vacas angus negras sofocándose en los campos, el andar ocioso de los cuatriciclos y plantaciones cenagosas de caña de azúcar. En el sentido de que era una comunidad rural muy unida, se parecía bastante a Monticello, pero en cualquier otro sentido, no podría haber sido más distinta. Era un vástago arrancado de los campos tranquilos y agrestes del pueblerino Illinois y trasplantado al Sur profundo, un mundo donde las chicharras zumbaban, las serpientes matraqueaban y las hormigas picaban. Nada de arces otoñales brillantes... tan solo un bosque vasto, chato y siempre verde dominado por pinos delgados y robles vivos, todo festoneado con un fantasmagórico musgo español. Seguramente, también había magnolias, azaleas y miles de otras especies, pero lo que más recuerdo son pinos y encinas, como una jungla de gordos y flacos.

A cualquier peatón que pasaba por ahí, el roble vivo en la oficina postal quizás le parecía el árbol perfecto para trepar, con sus ramas gordas desparramadas por todo el estacionamiento arenoso, pero no lo era. El flujo constante de gente en la oficina de correos estropeaba el asunto, ya que, como todo el mundo sabe, la soledad es un ingrediente fundamental para una buena trepada. Pero la verdadera razón por la que el árbol no me recibía con brazos abiertos es que ya había recibido a los nidos de las cucarachas de Florida.

Si no eres del sur, deberías saber que, cuanto más al sur conduces, los insectos se van poniendo cada vez más grandes, así que, cuando cruzas el límite estatal de Florida, las cucarachas (insectos del palmeto, como les decía mi mamá) son obesas y siniestras, tan grandes y suaves como el pie de un bebé, y tan apestosas como el de un anciano. Son brillantes, así que, por más que no estén húmedas, parecen estarlo. Nunca toqué una para averiguarlo. Y, aunque estaban por todas partes en Florida, tenían predilección por las encinas. Y por los niños que se trepaban allí. Apenas subías con dificultad el tronco inmenso y llegabas al primer recodo, donde una pila de hojas marrones se descomponía junto con los helechos, bajabas a los saltos, gritando y sacudiéndote el cuello porque habías perturbado un aquelarre de demonios negros y brillantes que apestaban cuando los matabas. Siempre me aterraron las cucarachas de Florida. Pero siempre me encantaron sus encinos.

Desde que los europeos llegaron al Nuevo Mundo, los robles vivos se usaron para la construcción de barcos. Es más, el USS *Constitution* recibió su sobrenombre, «Old Ironsides» [Viejo costado de hierro], debido a cómo rebotaban las balas de cañón británicas de su casco de roble vivo. Estos hermosos árboles antiguos fueron tan útiles para los barcos que la Armada plantó y mantuvo bosques enteros de ellos. Uno de los robles vivos más antiguos de Estados Unidos está en Johns Island, en el sur de California. Se llama Roble Ángel y tiene entre 400 y 500 años. Nunca lo vi en persona, pero las fotografías son impresionantes. Sin embargo, sí estuve en presencia de otro árbol famoso en Thomasville, Georgia, una bestia inmensa que le hace honor a su nombre adecuado, aunque quizás un poco falto de imaginación: «El Gran Roble». Se remonta a la década de 1680. En 2012, toqué en un espectáculo en la Primera Iglesia Bautista en Thomasville y salí a dar mi caminata habitual después de la prueba de sonido. Había caminado una cuadra, cuando lo vi y me detuve en seco. Era enorme. La circunferencia del tronco era de más de 7 metros (25 pies), y las ramas se extendían más de 45 metros (150 pies). Destilaba un aura de vetustez. El gran roble había estado ahí, creciendo en silencio, y había sido testigo de la Guerra Civil, la guerra de 1812, e incluso la Guerra Revolucionaria. Había permanecido ahí en el bosque que se transformaría en el pueblo de Thomasville cuando Bach escribía piezas para violoncello y se formaba el Reino Unido. Y todavía sigue fuerte, justo enfrente de la Primera Iglesia Bautista, donde a veces tocan cantautores cristianos. Me quedé sentado frente a él un largo rato, embobado. Más adelante, se lo mencioné a la gente de la iglesia y ellos asintieron elogiosamente, y me contaron sobre todas la bodas que se realizan bajo su sombra, los políticos que visitan y posan ahí, y los esfuerzos de conservación que se han llevado a cabo a través de las décadas. La gente se interesa por el gran roble no solo por su belleza o su tamaño; ni siquiera porque es antiguo. Se interesa por él porque está vivo. Sigue creciendo. El mero hecho de que esté vivo conecta a aquellos que nos paramos bajo su sombra con todos los que pasaron antes. Cierto misterio de la creación sigue avivando ese *algo* que hace que siga viviendo, y aunque el mundo está terriblemente roto, al parecer, los humanos siguen queriendo estar en presencia de un testigo antiguo y vivo. Al menos, la mayoría. Por desgracia, a algunas personas no les interesa en absoluto.

A varias horas de donde crecí, vivía uno de los seres vivos más antiguos del mundo. Un ciprés calvo, apodado «El Senador», vivió en un pantano durante 3500 años. Era el árbol más grande al este de Misisipi, y el quinto árbol más antiguo del mundo. En una cámara éntica, El Senador podría haberle obsequiado al Gran Roble de Thomasville historias no solo de la Guerra Revolucionaria, sino también de los nativos americanos que lo usaban de señal para orientarse antes de que los primeros europeos siquiera supiesen que Norteamérica existía. Había vigilado el pantano de Florida mientras Moisés guio a los israelitas a salir de Egipto. Y el Senador estaría vivo hoy, pero alguien lo quemó hasta las raíces el 16 de enero de 2012. Esa persona alegó que fue un accidente, pero sucedió porque encendió un fuego para ver mejor la metanfetamina que iba a fumar. Tres mil quinientos años, y muerto en una noche debido a un incendio sin sentido. Si te hace sentir un poquito mejor, un hombre llamado Marvin ya había clonado el árbol tomando algunas ramas caídas, y ahora una reencarnación del Senador crece cerca de la entrada del parque. Lo llamaron apropiadamente «El Fénix».

Una de las historias más tristes sobre árboles que escuché fue la de Prometeo, un pino longevo en la montañas de Sierra Nevada, en California. Un científico llamado Donald Currey estaba usando un instrumento que le permitía determinar la edad de un árbol sin cortarlo, taladrando y quitando un pedazo central para poder contar los anillos. Nadie está seguro de qué sucedió. Algunos afirman que el árbol Prometeo era demasiado difícil de taladrar, y otros relatos alegan que Currey rompió dos de sus instrumentos en el árbol. Pero de cualquier manera, al final, terminó talando el árbol. Cuando contó los anillos, se dio cuenta de que tenía 4862 años. Entonces, con un golpe desgarrador de reproche, este científico se dio cuenta de que acababa de matar no solo al organismo vivo más antiguo de la Tierra, sino al organismo vivo más antiguo del universo. Piénsalo un momento. *El universo*. Después de sobreponerse a la controversia, tuvo una carrera saludable, pero supongo que perdió muchas horas de sueño por la debacle del Prometeo. Una vez más, hay un atisbo de buena noticia. Según un investigador de anillos arbóreos llamado Tom Harlan, hay otro pino longevo por allí que él estimó que tenía 5062 años. Harlan falleció en 2013, y nunca reveló el secreto de la ubicación del árbol. No sé tú, pero a mí me encanta saber que está ahí afuera en alguna parte, en medio del silencio de las montañas, bien tranquilo y mirando cómo pasan las edades.

¿Cuántos años tiene el roble junto a la oficina de correo de Lake Butler? No tengo uno de esos taladros que usan los científicos, y no pretendo talarlo, así que es difícil saberlo. La primera vez que lo vi en 1985 era majestuoso, y si nos guiamos por el crecimiento lento que tienen los robles vivos, estaba ahí mucho antes que el pueblo. Lake Butler fue incorporado en 1859, así que, seguramente, había gente viviendo ahí mucho antes. Gracias a la Biblioteca del Congreso conseguí un mapa de 1920 que muestra la Primera Iglesia Cristiana, donde mi papá predicaría algún día, y para mi sorpresa, el lugar donde ahora está la oficina postal es un cuadrado vacío rotulado: «PARQUE». Cerré los ojos e imaginé la vista desde el porche delantero de la casa parroquial, quitando la oficina postal y Andrew's Drugs y retrocediendo en el tiempo a un siglo atrás. Vi una zona amplia de césped, y los brazos amplios y hermosos del gran roble extendidos sobre un grupo de personas disfrutando de un picnic con su mejor ropa de domingo. (También me imaginé las cucarachas escabulléndose entre las hojas muertas).

Cuando pienso en aquel árbol y en lo que ha presenciado, recuerdo a mi amigo Joey, que vivía en la casa junto a la oficina de correo. Estábamos en el mismo grado, y nos hicimos amigos principalmente por lo cerca que vivíamos. Al principio, no nos movíamos en los mismos círculos, pero vivíamos en la misma cuadra. Jugábamos tenis de mesa durante horas en el salón de comunión de la iglesia; jugábamos baloncesto en el estacionamiento detrás de la oficina postal; más adelante, tocábamos en la banda musical de la escuela; incluso terminó siendo uno de los conductores del camión en una gira que hice... todo porque vivíamos uno junto al otro, a la sombra de aquel roble vivo. Cada vez que iba a lo de Joey, su papá me sentaba a tomar su famoso té dulce, siempre servido de una jarra reciclada de leche a un vaso plástico lleno de hielo.

33

Los padres de Joey, a quienes yo llamaba «Sr. y Sra. Mamá y Papá de Joey», eran dos de las personas más amables y hospitalarias que conocí. Eran la versión de Lake Butler del Sr. y la Sra. Castor de los libros de Narnia. La mamá de Joey trabajaba en la prisión (como mi madre), y su papá se quedaba en la casa porque tenía un solo brazo, ya que había perdido el otro en un accidente con maquinarias cuando era niño. Los padres de Joey adoraban a sus amigos, y yo tenía la suerte de ser uno de ellos. No importa lo cansados que estuvieran, no importa lo que hubieran estado haciendo, cuando íbamos los amigos de Joey, nos trataban como a la realeza. El papá de Joey me hacía pasar con algarabía y, con una agilidad sorprendente, abría el refrigerador, destapaba la jarra de leche, sacaba hielo de la hielera y llenaba un vaso con su elixir… todo con un solo brazo. Era imposible negarse a tomar el té; él no te dejaba no tomarlo. Muchas veces los visitaba y me refrescaba en la casa, estuviera Joey ahí o no. En su brazo sano, el Sr. Papá de Joey tenía un tatuaje que parecía sacado de una historieta. Era un corazón con una flecha que lo atravesaba, y en el centro, con una cursiva desprolija, estaba el nombre: «Betty». Cuando le pregunté al respecto, le dije: «Sr. Papá de Joey, ¿quién es Betty? Su esposa se llama Barbara». Se sonrojó y respondió: «Bueno, hijo, nunca te hagas un tatuaje cuando estás borracho y no puedas hablar bien. En ese momento, mi novia se llamaba Debbie».

Cuando estaba en noveno grado, pasé por debajo de las ramas sombrías del roble vivo para ir a la casa de Joey a ver si quería jugar tenis de mesa. Su papá salió a abrir la puerta y me di cuenta de que algo estaba mal, por cómo arrastraba las palabras. Entonces, pude percibir el alcohol en su aliento; algo que nunca antes había notado.

«Joey no está aquí, Andrew».

«Ah, bueno». Hice una pausa. «¿Usted está bien?».

Aspiró fuerte con la nariz. «La hermana de Joey, nuestra dulce Mary... nunca la conociste. Vivía en Virginia con sus hijos. Esta mañana, un conductor borracho la mató». Lentamente, pestañeó con los ojos enrojecidos y llenos de lágrimas y se limpió la nariz. «No sé dónde está Joey. Cuando se enteró, salió corriendo». Su mano se soltó del picaporte y la puerta mosquitera se cerró de golpe, pero todavía podía ver su silueta. «¿Quieres un poco de té?», entendí que me preguntaba. «No es ninguna molestia».

Yo tenía apenas catorce años, así que no tenía idea de qué hacer. Ahora, tengo cuarenta y siete años, y para ser sincero, hoy tampoco sabría qué hacer. Tartamudeé: «Lo lamento mucho. Lo lamento mucho», y salí corriendo para mi casa y llamé a varios amigos para decirles lo que había pasado y preguntarles si habían visto a Joey. Nadie lo había visto. Así que tomé mi bicicleta y salí a buscar a mi amigo. Lo encontré a varias cuadras, en un terreno lleno de malezas detrás del banco y la vieja tienda de forraje, arrastrándose en medio del calor como un zombi. Nos abrazamos. Al rato, aparecieron varios amigos más. Lo rodeamos, con las bicicletas desparramadas por el suelo a nuestro alrededor, y nos unimos a su dolor. Fue como una escena de *Cuenta conmigo*. Es lo único que recuerdo.

Después de unas semanas, las cosas bajo el roble volvieron a la normalidad. El funeral llegó y pasó. El dolor se fue disipando. Joey y yo mejoramos nuestras habilidades para el tenis de mesa. El Sr. y la Sra. Papá y Mamá de Joey siguieron recibiéndonos con alegría cada vez que íbamos con mis amigos. Un día, encontré al Sr. Papá de Joey de rodillas en frente de la casa, cavando con una pala de jardinería. Se había quitado la camiseta. Su tatuaje estaba a plena vista, y su muñón brillaba con la transpiración.

Me acerqué con cuidado, una vez más, percibiendo que algo andaba mal.

«¡Hola, Andrew!», me dijo alegremente, en medio de un hipo. Había estado bebiendo otra vez. «Ya pasó un año. Un año desde que Mary murió». Se limpió la frente con su único antebrazo y volvió a trabajar. Entonces, me di cuenta de que había pensamientos en flor por todas partes, con pétalos blancos y violetas, y rodeaban el porche como si fueran confeti. «Cada una de estas flores es por algo amable que hizo Mary. ¿No son hermosas?».

«Sí, señor». Sin saber qué más decir, me acerqué y puse una mano sobre su hombro desnudo. Estaba resbaloso por el sudor. Él siguió cavando. Y se olvidó de ofrecerme té.

Cada año después de eso, Joey me recordaba el aniversario de la muerte de Mary, en caso de que su papá volviera a caer en la oscuridad, lo cual siempre sucedía. En todos los años en que conocí a esa querida familia, nunca vi al papá de Joey beber… excepto en ese único día al año. Era alegre como un pájaro, trabajador y amable con su esforzada esposa, amoroso con su hijo. Pero en ese día, se entregaba al dolor y trabajaba en el cantero. Cuando me gradué de la escuela secundaria y me fui del pueblo, las flores a la sombra del roble vivo se habían vuelto densas como una manta, regadas por toda la pena que puede contener el corazón de un padre.

Si ese roble vivo tiene 300 años, y apuesto que los tiene, estoy seguro de que podría contar otras historias de tragedia, dolor y angustia que se desarrollaron debajo de sus brazos fuertes y afables. También podría contar sobre las ocasiones milagrosas en que esas heridas se transformaron en gloria. Los demás relatos quedaron perdidos en el tiempo. Pero este sucedió, y ahora lo sabes. El papá de Joey falleció hace algunos años, y esa casa tiene nuevos inquilinos. Todo luce muy distinto que en la década de 1980. Las flores de Mary ya no están, y los nuevos ocupantes se sorprenderían al saber lo hermosas que eran, o por qué se habían plantado en primer lugar. Pero el roble vivo sigue ahí, justo cruzando la calle desde la oficina postal. Si alguna vez estás por Lake Butler, visítalo. Eleva un vaso de té dulce y una oración por el Sr. y la Sra. Papá y Mamá de Joey. Espero con ansias poder abrazar a ese hombre en la nueva creación, y él me abrazará con ambos brazos.

IV

ÁRBOLES GENEALÓGICOS

Nuestro nacimiento no es más que
un sueño y un olvido:
El alma que se levanta con nosotros,
la estrella de nuestra vida,
que en alguna otra parte ha caído,
Y ha venido desde lejos:
No sin recordar nada,
y no estando absolutamente despojada,
Sino que en nubes de gloria que
dejan su estela al pasar,
venimos de Dios, el cual es nuestro hogar.
—William Wordsworth

Una vez, destruí un árbol que, en parte, le debía su vida a los restos de mis ancestros. La mayoría de las familias tienen al menos un nerdo de la ascendencia, y en mi familia, soy yo. Todo empezó hace un tiempo, la primera vez que comencé a visitar Suecia en forma habitual, lo que me llevó a una década de rastrear a mis parientes que vivían ahí. La familia por el lado de mi papá viene de Suecia. No sabía mucho sobre la familia de mi mamá hasta hace poco. Resulta ser que los Click (anteriormente, los Glück) eran hugonotes franceses.

Una breve lección de historia en caso de que, como yo, te hayas olvidado: en Francia, en el siglo XVII, había una minoría de protestantes, mayormente calvinistas reformados, llamados hugonotes. Los católicos los superaban ampliamente en número, y sufrieron una severa persecución. En 1685, Luis XIV despojó a los calvinistas de cualquier derecho religioso, y de repente, tuvieron que salir de Dodge. Así vino una migración de cientos de miles de protestantes franceses a América, Inglaterra, Holanda, Prusia y Alemania. Mi octavo bisabuelo, con el nombre maravilloso de Bartholomaeus Hyeronimus Glück, empacó sus maletas y las de su familia en Calais, Francia, y se mudó apenas al otro lado de la frontera a Alemania. En los años 1700, su nieto Johannes cruzó el Atlántico y se estableció en Lancaster, Pennsylvania, en Estados Unidos, donde abandonó la diéresis, cambió la G y la U, y se llamó Click. La próxima generación migró desde allí a Tennessee, y se transformaron en unos de los primeros colonos de la zona. Mi investigación reveló que a alrededor de una hora al noreste de Chattanooga, hay un cementerio oficial de los Click. En 2015, estuve en Chattanooga como escritor residente en la universidad Covenant College, al frente de un curso de escritura creativa para los que estaban haciendo una licenciatura en Lengua. Como una tarde tenía algo de tiempo libre, tomé mi leal GPS y partí a buscar dónde estaba enterrado mi tatara-tatara-tatara-tatara abuelo.

Después de salir de la autopista interestatal 75, doblé a la izquierda en un típico restaurante de comida rápida en Madisonville, y el mundo cambió abruptamente, desde el Estados Unidos moderno y plagado de centros comerciales y semáforos, a un bosque denso entremezclado con campos distantes donde pastaba el ganado. Era como si hubiera atravesado un portal del tiempo. Seguí avanzando durante unos treinta minutos por caminos cada vez más angostos, mientras las cubiertas del auto masticaban gravilla y rebotaban en los baches. A mi derecha, pude ver un río, y después, a través de las fila de árboles frondosos y a la izquierda, el bosque trepaba por una empinada ladera apalache. De vez en cuando, pasaba junto a algún remolque o una vieja cabaña con un jardín delantero lleno de malezas, bloques de hormigón y desechos de agricultura. Era un camino público, pero en mi autito inmaculado de alquiler, me sentía un intruso. Empecé a ensayar mi historia, en caso de que alguien me preguntara qué estaba haciendo ahí. «Mi mamá era una Click. El abuelo de su padre está enterrado en alguna parte por aquí. Por favor, no dispare». El GPS indicaba que estaba rodeado de agua. Del río Tennessee salen brazos que forman penínsulas largas y sinuosas, y sobre una de estas serpentinas de tierra encontré el lugar de descanso de mi ancestro. Un poco más allá de un cartel improvisado de metal que decía: «Cementerio Click», había un campo cubierto de malezas y bordeado por varios pinos blancos americanos (*pinus strobus*) bien altos. Fui pateando malezas hasta que encontré la tumba de Henry Jackson Click.

Su lápida era más linda que el resto; estaba hecha de mármol blanco, como las que se ven en el Cementerio Nacional de Arlington, porque había cabalgado como voluntario de Tennessee en la guerra de 1812. La fotografía que encontré de él muestra el rostro áspero y sin indicios de sentido del humor, tan típico de los primeros colonos, gente que se había abierto camino en medio de una vida difícil en lo que habría sido el medio de la nada. A decir verdad, yo estaba ahí en pleno siglo XXI, y *seguía siendo* el medio de la nada. Lo que habría dado el viejo Henry por un pan de salchicha de aquel restaurante de comida rápida que pasé. Supuestamente, hay cartas que intercambiaron Daniel Boone y la familia Click, y en alguna parte no muy lejana del cementerio donde estaba, un árbol llevaba la inscripción: «D. Boon mató oso en árbol en 1760». No sé cómo alguien mata a un oso *sobre* un árbol, pero Daniel Boone era el hombre indicado para la tarea; y es totalmente posible que mi bisabuelito Henry se haya enterado de tal hazaña.

Mientras estaba ahí, reflexionando sobre los osos y la guerra y los bizcochos de salchicha, divisé un retoño de pino, no más alto que mi espinilla, que había brotado cerca de la tumba de Henry. Con una mirada furtiva a mi alrededor, lo arranqué con cuidado y lo guardé en el auto. Apenas volví a la universidad, lo envolví en toallas de papel húmedas para el viaje a casa esa noche. A la mañana siguiente, lo planté en el campo delantero de The Warren, pensando en qué gran historia sería en unos quince años. Bueno, más tarde ese mismo verano, llovió mucho y el césped creció demasiado. Terminó tapando al pino. No me di cuenta de que le había pasado por encima con la cortadora de césped hasta el día siguiente.

Perdón, bisabuelito.

———

No fue el primer árbol que corté sin querer. Lleno de buenas intenciones paternales, quise plantar un árbol en The

Warren en honor a cada uno de mis hijos. Les pregunté a cada uno cuál era su árbol favorito, y después de considerarlo bastante, Aedan me dijo: «roble rojo». Compré un retoño de roble rojo de un metro y medio (cinco pies) de alto y lo planté con mucho amor (también en el jardín de adelante), orando para que Aedan se alimentara de la Palabra de Dios y creciera en justicia como un árbol plantado junto a fuentes de agua. Este duró unos cuantos meses, así que había echado raíces y se extendía hacia el cielo de Tennessee. Pero entonces, empecé a incursionar en la apicultura.

La apicultura es una empresa fascinante; en especial cuando eres nuevo en el tema. Las abejas son terriblemente *interesantes*, siempre están haciendo algo, ya sea guardando el frente de la colmena en un día caluroso, volando en enjambre o limpiando meticulosamente la entrada a la colmena. Iba tarareando mientras cortaba el césped, de aquí para allá durante al menos una hora por el jardín delantero, y cada vez que pasaba junto a las abejas, me quedaba mirándolas en mudo asombro. Bueno, en una de las pasadas, me quedé mirando tan absorto que, cuando volví a prestar atención al jardín, apenas si llegué a ver cómo el roble rojo se doblaba debajo de la cortadora de césped y salía escupido por el costado en miles de astillitas. Creo que pagué cincuenta dólares por ese árbol. Ya hace mucho que no está, pero las abejas siguen aquí, y siguen siendo igual de interesantes.

Perdón, Aedan.

———

Más allá de las víctimas de la cortadora de césped, quiero que sepas que planté con éxito varios árboles aquí en The Warren:

- dos arces rojos (*acer rubrum*)
- tres arces Autum Blaze (*acer x freemanii*)
- dos arces azucareros (*acer saccharum*), trasplantados de retoños de los bosques de mi vecino
- dos robles palustres (*quercus palustris*), también trasplantados
- dos robles castaños (*quercus prinus*)
- un roble blanco (*quercus alba*)
- tres sauces llorones (*salix babylonica*)
- cuatro manzanos (*malus domestica «Gala»*)
- dos perales *(pyrus communis «Bartlett»)*
- un ciruelo *(prunus institia)*
- un ciruelo europeo
- un álamo americano *(populus)*
- un nogal blanco (*carya tomentosa*)
- cinco abedules de las canoas (*betula papyrifera*)
- tres durazneros *(prunus persica «Belle of Georgia»)*
- un abedul negro (*betula nigra*)
- un ciclamor del Canadá (*cercis canadensis*)
- un árbol del amor (*cercis canadensis «Covey»*)
- dos avellanos de bruja (*hammamelis virginiana*)

- un tilo americano (*tillia americana*)
- dos cipreses calvos (*taxodium distichum*)
- un cedro del Himalaya (*cedrus deodara*)
- una pícea blanca (*picea glauca*)
- un cerezo negro (*prunus serotina*)
- un cerezo silvestre (*prunus avium*)
- un sauce gatillo (*vitex agnus-castus*)
- dos higueras (*ficus carica*)
- un cornejo coreano (*cornus kousa*)
- un cornejo florido (*cornus florida*)

Esta lista contiene los árboles que recuerdo que planté. (Con el fin de ser transparente, admito que tuve que buscar los nombres en latín). Probablemente, hay varios más, que recordaré cuando vaya a caminar por el terreno al atardecer. Lo importante es lo siguiente: siempre me encantaron los árboles. Ya sea el bosque de pinos donde iba con mi motocicleta por los caminos secundarios arenosos de Lake Butler entre todos esos árboles gordos y flacos, o el baniano que trepé en la hacienda de Thomas Edison en Fort Myers, o los veintinueve nogales en la casa de mis padres, me formé el hábito de prestar atención a los árboles. Estoy seguro de que todo el mundo lo hace, hasta cierto punto.

Sin embargo, dado cómo vivimos hoy en nuestros hogares climatizados, trabajando en oficinas como muchos hacemos, se ha vuelto demasiado fácil olvidar lo maravilloso que es realmente un árbol. Incluso ahora, mientras miro por la ventana de Chapter House en verano, es demasiado fácil ver tan solo una maraña verde de hojas y ramas. Pero si me detengo y considero qué estoy mirando en realidad, la masa se transforma en particularidad. Veo que las hojas en forma de corazón del ciclamor del Canadá que planté hace algunos años se estremecen en la brisa suave. Veo el brazo largo y perezoso de un olmo alado (*ulmus alata*) languidecer sobre el ciclamor. Las hojas acorchadas e irregulares del almez (*celtis occidentalis*) se doblan sobre el olmo y se entremezclan con las ramas de un frondoso fresno verde (*fraxinus pennsylvanica*). Un enebro de Virginia (*juniperus virginiana*) crece derecho como el poste de un cerco, más allá del enredo de las ramas del elmo.

Nombrar las cosas nos ayuda a *ver*.

———

Hace unos años, dejé de nombrar a las gallinas. La primera vez que compramos gallinas, los niños eran pequeños, y criar gallinas era una novedad, así que cada pollito parecía tener su propia personalidad, y los niños se deleitaban en ponerles nombres. Teníamos a Tigris y Éufrates, Hermione, Tostada, dos pollitos llamados Larry, Spaceman Spiff, Cebra y (aunque ahora los avergüenza admitirlo), uno llamado Esponjoso. A través de los años, perdimos varias gallinas a manos de perros del vecino y de gavilanes del monte, y a medida que los niños fueron perdiendo la fascinación con las gallinas y yo me cansé de invertir en un ave que era tan fácil de engullir, la emoción de ponerles nombre quedó deslucida. Es menos traumático decir: «Hoy perdimos un pollo», que afirmar: «Asesinaron a Esponjoso». Ahora, solo tenemos cinco, lo cual es más que suficiente para mis necesidades de sándwich de huevo, y no sé cómo se llaman. Pero no cabe duda de que me interesaba más por las gallinas cuando las llamaba por su nombre.

Mis padres también les ponían nombre a los animales, pero no se detenían ahí. También les ponían nombres a las partes de su predio en Florida. Estaba el Bosque de los Gansos y la Hondonada de las Bayas, y la oficina en casa de mi papá junto a su taller de carpintero, a la cual le puso Carpintería de Palabras. Al parecer, nombrar la creación le surge al ser humano de forma tan natural como arruinarla. ¿Podrá ser que, al nombrar algo y hacerlo particular, lo estemos santificando? Isaías 43:1 declara: «Te he llamado por tu nombre; tú eres mío». Entre todos los pueblos de la tierra, Dios eligió a los judíos para que fueran *Su* pueblo, *Su* nación santa, una comunidad separada para experimentar Su amor de una forma particular. Llamar a alguien (o algo) por su nombre hace más que apenas atribuirle afecto o destacar pertenencia; también añade a la historia de la creación, lo coloca directamente en el gran relato del tiempo. Cuando mis padres adquirieron sus dos hectáreas y media (seis acres) en Florida, esa tierra también adquirió un nombre. Se transformó en un personaje en su historia.

Como ya mencioné, antes de esto, vivimos mayormente en casas parroquiales. Ese modelo no sería un mal arreglo, excepto por el detalle de que la continuidad del trabajo de Papá estaba directamente relacionada con la continuidad de su vivienda (y ni hablar del trastorno de preguntarle al consejo directivo cada vez que querían cambiar algo en la casa). Además, había una marcada falta de privacidad. Mi habitación estaba a menos de cinco metros (quince pies) del salón de comunión. La casa y la iglesia compartían una línea de teléfono, así que cada vez que alguien llamaba para hablar con papá (o con el ministro de jóvenes o el secretario de la iglesia), el teléfono también sonaba en nuestra cocina. Si respondíamos y alguien estaba buscando al hermano Art, teníamos que salir corriendo a la oficina de la iglesia a buscarlo. Mi intención no es quejarme, porque también había muchas ventajas, como el tenis de mesa, el armario de ropa de segunda mano al que acudíamos para buscar disfraces, y la cómoda disponibilidad del piano de la iglesia a las dos de la mañana cuando no podía dormir. Sin embargo, uno se cansa de vivir en una casa ajena, en especial cuando se tiene un profundo impulso agrario, como en el caso de mis padres.

Mi mamá creció en una granja lechera al sur de Florida, y mi papá creció en el norte de Florida, en la ciudad de Lake City. Como resultado, tuve dos pares de abuelos muy diferentes: los abuelos de la ciudad y los abuelos del campo. Los abuelitos Peterson vivían en la ciudad, por más pequeña que fuera, y los abuelitos Click vivían en la estepa pantanosa de Okeechobee, parecida al sistema estelar de Dagobah, donde no me hubiera extrañado divisar a Yoda deambulando medio senil por los humedales. Había una gran abundancia de cucarachas donde vivía la abuela Peterson (en parte, gracias a los robles vivos, sin duda); pero donde vivía la abuela Click no solo había cucarachas, sino también serpientes, caimanes, caracoles gordos, vacas, caballos, totoras, lechuzas blancas y ratas de un tamaño inusual. Cuando no temía por mi vida debido a las arañas gigantes, me encantaba.

El destino quiso que mi padre de ciudad se casara con la hija de un granjero, y sospecho que, durante gran parte de su matrimonio, ambos anhelaron un hogar propio. Pero cuando eres un predicador pueblerino, dejas atrás cierta expectativa de seguridad financiera, y por ende, los medios para comprar una casa. Aun así, siempre encontraron maneras de vivir cerca de la tierra, ya fuera en Monticello, rodeados de maíz, o en el corazón de Lake Butler, rodeados por agricultores que solían traernos cestas de verduras recién cosechadas y, ocasionalmente, media res de parte del carnicero, congelada y dividida en varios cortes de carne envueltos en papel blanco. Excepto por aquel breve lapso en Jacksonville, pasé toda mi juventud en compañía de agricultores.

Cuando los tres hijos mayores nos mudamos de casa y mi hermana menor, Shauna, estaba terminando la escuela secundaria, nos enteramos de que mamá y papá habían encontrado una vieja casa, a poco más de un kilómetro (una milla) del pueblo, que era perfecta para ellos. En ese momento, yo estaba en la universidad, y Jamie y yo condujimos hasta ahí a visitar y ver el lugar. Acurrucada bajo las ramas grises de los nogales de pecán en dos hectáreas y media (que parecía una cantidad extravagante de terreno), la casa de un siglo de antigüedad era perfecta para mis padres. Anhelaba que la compraran, no solo porque me había casado y ya imaginaba lo hermoso que sería llevar de visita allí a nuestros futuros hijos, sino porque mis padres parecían rejuvenecer con tan solo pensarlo. Estaban embelesados. En la propiedad había quinotos, exactamente veintinueve nogales, fila de pinos elliotis, cipreses suaves y nudosos que se extendían hacia arriba en medio de la gruesa capa de mantillo de pino de color bermejo. Había una vieja cabaña para aparceros, y dos pozos de agua secos que eran lo suficientemente profundos como para ser peligrosos. En el patio, había un viejo hórreo desvencijado. La casa en sí, con una arquitectura de «cracker de Florida», exhibía un techo de chapa y un porche alrededor de toda la casa, además de una estufa de leña y un hogar.[1]

Después de convencer a los ancianos de permitirles que se mudaran, mis padres abandonaron la casa parroquial y compraron esta hermosa y vieja «casita cracker», y le dieron rienda suelta a la vida rural. Restauraron el viejo gallinero y lo llenaron, construyeron un cerco en el jardín lateral para guardar varios gansos, consiguieron varias ovejas y un caballo, y empezaron a plantar. Quiero dejar en claro que no era que a mis padres de repente les hubiera dado una onda bohemia y se hubieran hecho pasar por gente del campo, sino que, durante treinta años, habían fingido no ser gente del campo, y ahora podían mostrar sus verdaderos colores.

---

1. El término *cracker* tiene sus raíces en la Inglaterra isabelina, y se usaba para describir a un fanfarrón o bromista. En Irlanda, la palabra *craic* se sigue usando para referirse a bromear o hablar sin reparos. Shakespeare incluso la usó en *El rey Juan*, Acto II: «¿Quién es el fanfarrón [*cracker*] que así ensordece con aire tan superfluo mis oídos?». Según algunas fuentes, los británicos usaban el término para los sureños de la zona interior colonial, debido a su andar seguro y soberbio y su predilección por contar historias. Para el siglo XIX, «*cracker*» se usaba para hablar de los vaqueros de Florida, no solo por su reputación de darle a la lengua, sino también porque sacudían un látigo para llevar el ganado [Nota de la traductora: en inglés, «sacudir el látigo» es «*crack a whip*», por eso el sobrenombre de «crackers»]. Debido al calor abrasador, las casas de Florida se construían elevadas, con grandes porches y corredores ventilados, y se las llegó a conocer como «casas *cracker*». Ahora, lo sabes.

PECAN AT SHILOH
11/16/20

Como ya dije, no pasó mucho tiempo antes de que empezaran a nombrar las cosas. Y todo comenzó con la propiedad en sí. No recuerdo cuáles eran las otras opciones, pero terminaron eligiendo «Shiloh» [Siloh], un nombre que todos aprobamos, no solo porque fuera estéticamente agradable, sino por su significado. Siloh, uno de los lugares en el Antiguo Testamento donde descansó un tiempo el arca del pacto, significaba «paz». Indudablemente, era la opción ideal.

Uno de mis recuerdos favoritos de la época de Navidad es cuando condujimos toda la noche durante diez horas desde Nashville, mientras nuestros niños pequeños dormían en el asiento trasero. Completamente extenuados, pasamos por el centro de Lake Butler que dormía en paz, con sus luces ámbar decoradas con guirlandas y moños en las calles, giramos al norte y entramos al bosque oscuro y lleno de pinos donde nos aguardaba Shiloh. Mi mamá había decorado el cerco de la entrada con lucecitas navideñas, y la vieja casa resplandecía bajo las estrellas y parecía tan acogedora como una escena de la Natividad iluminada a la luz de la vela. Mientras estacionábamos, el villancico «*The First Noel*» [La primera Navidad], cantada por nuestra amiga Jill Phillips, flotaba a través de la estática de la estación de radio no tan local, así que nos quedamos sentados en el Honda unos minutos más en medio de la perfección del momento... antes de recordar que estábamos agotados y empezamos el proceso de desabrochar entre susurros el cinturón de los niños que dormían. Sabía que en el futuro cercano nos esperaban los cuadraditos de mantequilla de maní de mi mamá, un pavo humeante, el aroma de la estufa a leña y caminatas frías y agradables por el terreno. Sin duda, «Shiloh» era el nombre para el lugar.

Con el tiempo, escribí una canción para mis padres con el mismo nombre, y terminó estando en mi primer álbum. La parte de guitarra es lo suficientemente difícil y está en un tono lo suficientemente alto como para que ya no la cante a menudo, pero empieza diciendo:

> *El cerco desvencijado y una silla hamaca*
> *De la pipa de mi padre, puedo sentir el aroma*
> *El cacareo de un ganso que en el aire se destaca*
> *El jardín está maduro y por doquier el verde asoma*

Cuando mis padres escucharon la canción, señalaron con amabilidad que los gansos no cacarean, y tienen razón. Pero funcionaba con la rima. Esa canción también fue un buen momento para delatar el hábito de mi padre de fumar en pipa; algo que nunca habría podido hacer en el porche de la casa parroquial, pero como estaba tan lejos del centro de la ciudad, se acostumbró a disfrutar de esto y a nadie parecía molestarle. Es muy probable que ahora mismo, mientras escribo estas palabras, esté en el porche delantero haciendo su crucigrama con la cabeza enguirnaldada en el aroma agradable del tabaco Black Cavendish, mientras mi mamá lo acompaña en la mecedora a su lado y cose una colcha e intenta no toser. Parecen sacados de una postal de antaño, y su hacienda también.

Resultó ser que el lugar al final sí se transformó en una parte indeleble de la crianza de mis hijos. Cada verano, mis padres organizaban un «campamento Shiloh» de dos semanas para toda la manada de nietos. Aunque albergo recuerdos complicados y dolorosos de mi juventud en Florida, mis hijos no tienen más que afecto por este lugar. Mi papá les enseñaba a limpiar bagres, mi mamá les enseñaba a hacer manualidades. Iban a recoger arándanos silvestres y entonaban canciones de campamento. Mi papá les permitía pasar tiempo en su carpintería mientras reparaba sillas viejas o torneaba lapiceras de ramas de nogal caídas. Los niños alimentaban a las ovejas y huían despavoridos de los gansos enojados. Llegaron a conocer cada rincón de aquellas dos hectáreas y media, desde la Hondonada de las Bayas hasta el Bosque de los Gansos y el Agujero de los Hobbits bajo un tocón de nogal, y crecieron acostumbrados a la idea de que una casa tuviera un nombre exhumado de las tierras profundas del Antiguo Testamento. Ese lugar es el país de las maravillas para los niños, y a modo de broma (y con cariño), lo he llamado una suerte de Disneylandia del quinto pino.

Pero ¿y qué me dices de los árboles? Me alegra que preguntes. Ya mencioné los nogales, los cipreses y los pinos, pero no hablé del limonero justo afuera de la ventana de la cocina, o del clementinero que les regalé cuando no pude lograr que floreciera en una maceta en mi casa. Hay una magnolia oscura y tranquila, parada como una monja que reza, en el jardín de atrás junto al quinoto, y varios ostentosos árboles de Júpiter, y junto al cerco de postes, hay un ramo de azaleas en flor. Una pérgola que construyó mi hermano sostiene la maraña más efusiva de glicina que puedas imaginar.

Pero espera, hay más. No te conté sobre los árboles que mis padres plantaron para los nietos. Tal vez yo corté sin querer el roble rojo de Aedan en The Warren, pero mis padres salvaron el día y le plantaron un roble vivo en Shiloh. Asher recibió un fresno, por supuesto, cultivado de un retoño del tallador del mismísimo George Washington. Skye recibió su propia magnolia. Mi sobrino Isaac recibió un sicómoro americano plantado de semilla en Gettysburg. Su hermano Elijah recibió un roble de Shumard. Mis sobrinas Elizabeth, Hannah y Lydia recibieron un satsuma, un olivo y una mimosa, respectivamente. Como es Florida, y como mis padres con mano para el jardín los plantaron, estos árboles crecerán profundizando sus raíces y extendiéndose por décadas, si no siglos, y tendrán un significado que el resto de los árboles no tienen, puramente debido a la historia de su plantación y a los niños por los que fueron plantados.

Pero ¿quién estará ahí para contar la historia? Me aflige saber que la persona que termine con esas dos hectáreas y media dentro de cincuenta años probablemente derribe la casa y quite los árboles para hacer lugar para (¡la tragedia!) una nueva filial o (¡el horror!) un minimercado. Me resulta imposible que alguien en la tierra vaya a cuidar el lugar como nosotros. Shiloh era hermoso cuando mis padres lo adquirieron, pero en las últimas dos décadas, la estructura y el terreno han sido cuidados y mantenidos por un hijo de Adán y una hija de Eva que se entregaron de lleno a renovarlo y hacerlo florecer. Por donde vayas, hay señales de la presencia de mis hijos, en los árboles que les pertenecen, claro, pero también en el jardín de flores donde descansan las pequeñas baldosas redondas de cemento con sus manitas gordinflonas grabadas para siempre, o en la casa del árbol que mis padres les construyeron sobre un viejo nogal. Yo no crecí ahí, pero en un sentido muy real, mis hijos sí. Y mis padres también. El niñito y la niñita que vivían en lo profundo de los huesos de mis padres cobraron vida ahí mientras abrían senderos a través de los bosques de pinos, les ponían nombre a los campos y pintaban esos nombres en tablillas desgastadas y colgadas de postes, plantaban plantas perennes alrededor de los viejos pozos de agua y colgaban la soga. Es como si siguieran jugando a la casita aun con el cabello gris y las coyunturas rígidas. Aquello en lo que se han transformado tiene una profunda conexión con la tierra a la que dieron forma con amor. Y ahora son ancianos, tienen más de setenta años y se preguntan a menudo qué pasará con este hogar que hicieron. Todos sus hijos se mudaron lejos (a Nashville, Louisville y Atlanta), y nadie está en la posición de abandonar todo y retomar lo que mamá y papá dejaron atrás. Pero eso no los detiene. La exuberancia del lugar es pasajera, y por eso mismo más valiosa. Qué maravilla es trabajar para sustentar la belleza de algo incluso cuando sospechas, con buena razón, que su belleza se desvanecerá apenas saques la mano del arado. Sin embargo, hay buena razón para creer que nuestros deleites deleitarán a los que vengan después.

Por un golpe de suerte, mientras trabajaba en este libro, un miembro de la familia publicó el obituario de 2001 de la mamá de mi papá en Facebook. La abuela Peterson vivía en Lake City, Florida, apenas unos kilómetros de Lake Butler, y aunque la conocía bastante bien, no tenía idea de que ella también tenía afinidad por los árboles. El obituario decía: «Como miembro del Club del Jardín, Peterson trabajó incansablemente en el embellecimiento y la preservación de la ciudad. Cuando estaban ensanchando la calle Duval, ella luchó para salvar a setenta y cinco árboles adultos. Aunque perdió la batalla, pudo salvar a muchas azaleas que bordeaban la calle, llevando a más de cien a otras partes de la ciudad [y] organizó plantaciones de árboles en escuelas de todo el país. Los esfuerzos de Bea Peterson [...] se ven por todas partes en Lake City cada primavera, cuando las camelias y las azaleas florecen a lo largo de las calles y en los parques públicos».

Resulta ser que mi papá observó a su madre defender los árboles, y a su vez, yo los observé a él y a mi madre transformar a Shiloh en un jardín; un jardín donde mis propios hijos jugaban debajo de sus árboles. Mis hijos me observaron cavar hoyos y plantar los retoños en la tierra. Me ayudaron a cubrirlos con mantillo y me vieron admirarlos mientras crecían. Creo que la abuelita estaría orgullosa. Tal vez no pudo salvar a los árboles de la calle Duval; pero es responsable de maneras que ni siquiera entendía del tilo que planté en la pradera de flores silvestres hace dos años. Nuestros amores se heredan en silencio.

Con cada visita a Shiloh, me confrontan dos realidades: el jardín y la caída. Para mí, Shiloh es lo mejor que puede suceder cuando los humanos echan raíces en un lugar. No solo el lugar crece mejor, sino que también los humanos. Cuando deambulo por la propiedad, la voz del Edén se eleva desde un suspiro a una canción, y es más fácil ver para qué fuimos creados: para amar al mundo como Dios lo ama, y formarlo para que refleje lo que era al principio, y en una gloria aún mayor, lo que será al final. Pero saber que los recuerdos que adornan las ramas como musgo español se perderán en el tiempo, olvidados como canciones nativas, plagados de malezas o estropeados por la ignorancia deliberada del progreso me llena de un terrible dolor. ¿Qué será de los jardines de mi madre, donde sus manos (manos que llevan el ADN de aquel Hyeronimus Glück, el protestante francés) se metieron en la tierra para plantar hortensias? ¿Qué será de la carpintería de mi padre, donde, con la pipa entre los dientes, tornea alegremente candelabros en el torno? Cuando mis hijos sean ancianos, ¿llevarán a sus nietos a Shiloh a comer del fruto de los árboles que mis padres pusieron en la tierra? Supongo que es posible, pero lo dudo. Alguien más comprará el lugar. Perderemos nuestra conexión con él. La gran tristeza del tiempo lo aplanará y lo dejará irreconocible.

Y aquí es donde la fe entra en escena, ataviada de vitalidad, para recordarnos la esperanza que planta y el amor que cultiva. Tengo fe en que viene una resurrección, y que nuestros sufrimientos presentes no son nada comparados con la gloria que será revelada en nosotros. Si nuestras historias son parte de nosotros, entonces se desprende que ellas también serán resucitadas. No sé si algún Shiloh redimido ocupará aquel rinconcito de Florida, pero sí creo esto: en cierto sentido, todos estamos viviendo en una casa parroquial, anhelando un verdadero hogar. Y de la misma manera que Art y Janis Peterson rejuvenecieron al derramar su amor en Shiloh y plantaron un jardín, los sacerdotes de la nueva creación nos vestiremos de inmortalidad para reinar sobre nuestros propios jardines, y lo haremos sin el espectro de la muerte revoloteando sobre todo, provocándonos con el dolor del tiempo y la mentira de la futilidad. Gloria a Dios, el tiempo mismo será redimido, porque ya no será un adversario, sino un amigo, un sábat eterno, un festín interminable.

Si mi mamá y mi papá renovaron por completo Shiloh en treinta años, piensa lo que harán en un millón.

V

CAVAR HONDO

El joven, que cada día debe viajar más lejos del este,
sigue siendo el sacerdote de la naturaleza,
Y la espléndida visión lo asiste en su camino.

—William Wordsworth

Mudarnos a The Warren fue una de las mejores decisiones que tomó nuestra familia. Fue la respuesta a anhelos que ni siquiera sabíamos que teníamos, y formó nuestras vidas de tal manera que ahora nos cuesta recordar cómo era la vida antes. Se ha transformado en una extensión de nosotros. Sí, parte del significado es la comunidad (vecinos, nuevos amigos, nuevas oportunidades para la hospitalidad ya que tenemos más espacio), pero es más que eso. Está la silueta del lugar: la cuesta de la colina entre la casa y la oficina, que requirió que picáramos y pusiéramos escalones de piedra, y que fuéramos armando un rompecabezas de piedra caliza para levantar una pared de retención; la cercanía al arroyo Mill, lo cual significa que a veces, por la mañana, puedo sentarme en el porche delantero y ver el valle sumergido en una neblina fresca que les da a las colinas una palidez onírica... y es gracias al arroyo Mill que la tierra desciende. El arroyo se alimenta no solo de vertientes río arriba, sino de los millones de litros de lluvia que se derraman desde las nubes de tormenta y se deslizan por nuestra casa en arroyuelos hasta el riachuelo en Warren Wood, y luego se apresura a unirse a los rápidos del arroyo y, de vez en cuando, desborda las orillas y sumerge los caminos locales en agua cenagosa. También está la cuesta empinada hasta la cima de la colina del vecino, un hermoso lugar cubierto de hierba donde a menudo nos reunimos en familia a mirar el atardecer. El molde mismo de la tierra afecta los minutos de nuestros días aquí. Y además de la forma de la tierra, está su exigencia silenciosa de que le demos forma: la invitación a plantar y sembrar y labrar, a demarcar y diferenciar el jardín del patio, el claro herboso del campo, la pradera de la senda, todo lo cual altera la forma de nuestro tiempo allí.

Al igual que mis padres, Jamie y yo pasamos años viviendo en casas que no eran nuestras. Todavía estábamos en la universidad cuando nos casamos, así que nuestro primer hogar de casados fue una vivienda en el campus. Después de graduarnos, hicimos la gran mudanza a Nashville y encontramos un pequeño dúplex en Antioch, un rincón de la ciudad para clase media baja. Para mi deleite, el jardín delantero ostentaba un arce plateado mediano. Nuestro departamento estaba en un *cul-de-sac* al final de Faulkner Place, lo que significaba que había niños por todas partes, andando en bicicleta y patineta, sentados en los escalones de entrada después de la escuela y jugando a la pelota en el campo detrás de nuestro edificio. Jamie es una persona mucho mejor que yo, así que su corazón se cargaba con todos estos jóvenes, y esto la impulsaba a la acción. Mi corazón también se cargaba, pero estaba demasiado ocupado escribiendo canciones y atendiendo mesas en un restaurante cercano como para que me quedara ancho de banda disponible.

«Deberíamos organizar un estudio bíblico para estos chicos», dijo ella un día.

Le respondí: «Sí, sería genial», y volví a tocar la guitarra.

A continuación, invitó a cuatro o cinco de esos chicos un miércoles por la noche para hablarles de Jesús. Con el tiempo, teníamos dieciocho clientes habituales apiñados en la sala de estar de nuestro pequeño dúplex. Se transformaron en parte tal de nuestras vidas que nuestra iglesia incluso enviaba una camioneta a nuestro *cul-de-sac* para llevarlos a las reuniones los domingos por la mañana. Amábamos a estos chicos. Les sacamos fotos sosteniendo a Aedan, nuestro recién nacido; apenas volvimos a casa del hospital, los llevábamos al cine, y una vez, incluso me llevé a un par de gira para que se encargaran de la mesa de los productos de la banda. Veinte años más tarde, seguimos en contacto.

No era exactamente lo que uno llamaría un vecindario seguro; sabíamos que había pandillas en Antioch, así que, la noche que le grité desde la ventana de nuestra habitación a través de las ramas del arce plateado a un tipo que se estaba robando el reproductor de CD de nuestro auto, me sentía más indignado que sorprendido. Lo más perturbador fue que me devolvió el grito y siguió robando como si nada. No parecía preocuparle que lo atraparan, y siguió trabajado con desgano hasta que llegó el coche de huida... desafortunadamente, antes que la policía.

Poco después, les pedimos a nuestros vecinos que cuidaran a Aedan mientras íbamos al cine. Para entonces, Jamie estaba embarazada de Asher. Llegamos a casa cerca de la medianoche, y me quedé esperando en el pórtico de entrada, bajo la sombra del arce, mientras Jamie cruzaba la calle con nuestro primogénito en brazos. Ahí fue cuando vi los faros delanteros de un auto y escuché la explosión de dos disparos. El auto salió a toda velocidad. Al principio, no lo podía creer; seguramente, había sido la detonación del escape del auto. Nunca olvidaré el terror que sentí al ver a mi esposa embarazada corriendo hacia mí con nuestro bebito de seis meses en brazos. Las luces de nuestros vecinos se fueron encendiendo en rápida sucesión, y enseguida muchos salieron a ver qué pasaba, lo cual confirmó que el sonido realmente había sido de disparos. Llamamos al 911, y más tarde, nos enteramos de que el tirador era el miembro de una pandilla que no quiso dispararle a Jamie, sino al auto estacionado de un muchacho vecino que estaba en una pandilla rival. Aun así, nos conmocionó, con nuestro bebé y otro en camino, y no me avergüenza admitir que empecé a pensar en mudarnos.

Cerca de un mes después, cuando terminamos de cenar, se desató un fuego en el jardín delantero de un vecino y hubo amenazas de muerte y armas empuñadas. Nos escondimos en nuestra habitación y volvimos a llamar al 911, hablamos con los policías cuando llegaron y luego salimos a andar en auto para despejarnos. Nos encontramos en una gran tienda de departamentos, caminando por los pasillos con Aedan en un cochecito, mientras debatíamos si era hora de irnos de allí.

Cuando volvimos a casa esa noche, acostamos a Aedan y nos sentamos en el sofá a tratar de definir si tenía sentido quedarnos; en especial, ya que yo viajaba habitualmente por mis conciertos. No sabíamos qué hacer, así que oramos pidiéndole guía a Dios. De repente, alguien llamó a la puerta con urgencia. Entré en pánico, porque pensé que era el vecino que se había metido en la pelea y venía a querer saber por qué lo habíamos reportado a la policía. Abrí con cuidado la puerta, y sentí tanto alivio como preocupación al ver que no era ese vecino sino otra persona, una madre soltera que vivía al otro lado de la calle, que acababa de volver a casa del ensayo de coro y se había encontrado con que habían entrado a robar a su casa. Se habían llevado todos sus adornos navideños, el televisor y, como si fuera poco, hasta les habían arrancado los teléfonos de la pared. La acompañé de regreso a su casa para asegurarme de que los ladrones no estuvieran todavía ahí, y esperé con ella hasta que llegó la policía a nuestro *cul-de-sac* por segunda vez esa noche.

Bueno, esa fue la confirmación que estaba esperando. Enseguida llamé a un amigo que vivía a una hora de Nashville, en un pintoresco pueblito sobre el camino llamado Watertown. Le pregunté si podía averiguar por alguna casa en alquiler en el campo. Al día siguiente, me llamó para informarme que había una casita en un terreno de dieciséis hectáreas (cuarenta acres). ¡Dieciséis hectáreas! El alquiler era 500 dólares por mes… incluso 50 menos que nuestra casa en Antioch.

Hasta hoy, me siento conflictuado por habernos mudado. Después de todo, aquellos chicos en el vecindario no tenían esa opción. Estaban atascados ahí, sin poder escapar de la cultura de las pandillas, los tiroteos ocasionales al pasar, el sonido habitual de las sirenas por la noche. Al mudarnos a Watertown, no solo le poníamos fin al estudio bíblico semanal, sino también a nuestra relación con ellos, porque era una relación que había nacido de la proximidad. Aun así, ninguno de mis recelos superaban el recuerdo espantoso del cuerpo de mi dulce Jamie embarazada corriendo hacia mí con Aedan en brazos, mientras los disparos destrozaban el silencio.

Así que, con pesar en el corazón, levantamos el campamento.

Watertown era mágico. Nuestra casa estaba sobre una colina, con vista a campos de ganado. Las vías del tren envolvían las colinas distantes, y cuando nos sentábamos en el porche delantero y veíamos el tren que pasaba retumbando entre los árboles, parecía que vivíamos en un cuento. Podíamos bajar la colina hacia la plaza principal del pueblo para ir a almorzar a la tienda local de sándwiches. A menudo, iba en bicicleta hasta el correo con mi mochila llena de pedidos de discos para enviar. Nuestra vecina más cercana se llamaba Vivian, y sus vacas pastaban a menos de veinte metros (dieciocho yardas) de la ventana de nuestra habitación, y a veces nos despertaban con sus mugidos. Estábamos convencidos de que habíamos encontrado la versión de Tennessee del paraíso. Bueno, lo pensamos por una semana aproximadamente.

El dueño de la casa nos había dado permiso para pintar encima del papel anticuado de las paredes, así que Jamie y yo pasamos toda una tarde con los rodillos, deleitándonos en nuestra buena suerte, mientras Aedan descansaba y se engullía un biberón. Miramos por la ventana del frente y vimos una camioneta de las noticias del Canal 4 estacionada al final de la entrada de gravilla de nuestra casa.

«¿Pero qué rayos…?», dije mientras dejaba el rodillo en la bandeja y me limpiaba las manos en mi camisa. Detrás de la casa desvencijada al otro lado de la calle, una columna de humo negro ondeaba hacia el cielo, así que bajé la colina hasta donde se había juntado una multitud alrededor de la camioneta del noticiero. Divisé al propietario de la casa que alquilábamos y le pregunté qué sucedía.

«Bueno, no te conté sobre los vecinos. Yo los llamo "Los Tontos". Hace algunos años, empezaron una secta, convencieron a todos de que vendieran sus posesiones terrenales y se mudaron a Texas a esperar la segunda venida. Cuando eso no sucedió —dijo encogiéndose de hombros— volvieron aquí, y ahí el resto de los miembros de la secta se dio cuenta de que ellos eran los únicos que no habían vendido la casa. La cosa se puso fea. De cualquier manera, uno de los Tontos vivía en un remolque detrás de la casa, y —señaló el humo—, evidentemente, decidió despojarse de su cuerpo mortal y prenderse fuego».

Esa sí que es una historia perturbadora.

Así que Jamie y yo nos encontrábamos en Watertown, habiendo escapado de una clase de violencia, para encontrarnos con otra. Durante nuestro tiempo allí, los Tontos en general no hablaban con nadie, pero los cruzamos un par de veces. Como me faltaba uno de mis zapatos de correr del porche, me acerqué nerviosamente hasta ahí para preguntar si no lo habían visto. La mujer gruñó, fue adentro y salió un minuto después con mi zapato. «El perro se lo debe haber llevado», dijo en forma misteriosa, y no me explico por qué estaba adentro. Le di las gracias, ella volvió a gruñir mientras la puerta mosquitera se cerraba de un golpe, y eso fue todo. Pocos meses más tarde, miré por la ventana y vi cuatro autos de la policía en el camino frente a su casa. Los policías tenían las pistolas afuera y estaban escondidos detrás de los autos, y uno gritaba órdenes con un megáfono. La Sra. Tonta les apuntaba con un rifle y escuché muchos gritos, pero nadie disparó.

Más allá de los vecinos lunáticos, pasamos un hermoso año en Watertown. Asher nació esa Navidad, y lo llevamos a casa desde el hospital en un brillante calcetín rojo. Al principio, los amigos venían desde Nashville para pasar la noche en el campo, lo cual en realidad era la excusa para quedarse toda la noche jugando al GoldenEye en mi Nintendo 64. Yo daba largas caminatas a lo largo de las filas de enebros de Virginia arriba de la colina, y salía a andar en bicicleta por los valles. Una de mis rutas habituales me llevaba a pasar junto a la Casa de las Cabras, como la llamábamos, que era una estancia abandonada llena de —adivinaste— cabras. Había como veinte cabras, paradas en el porche o mirando por las ventanas como si fueran las dueñas del lugar.

Durante un tiempo, hicimos el viaje semanal de una hora hasta Nashville para ir a la iglesia, pero nos cansamos. Intentamos encontrar una iglesia en Watertown, pero nuestras opciones eran limitadas y nunca nos terminamos de adaptar. Cuando ya hacía un año que estábamos ahí, nuestros amigos dejaron de visitar. Y, como estábamos a casi cien kilómetros (sesenta millas) de distancia, la gente fue dejando de invitarnos a eventos en la ciudad. Por más hermoso y pastoril que fuera el lugar, nos sentíamos solos. No solo eso, sino que sabíamos que el dueño no estaba dispuesto a vender, así que todavía estábamos en algo similar a una casa parroquial.

Todo ese tiempo, yo era cantautor itinerante. Durante nuestro año en Watertown, comencé mi primera compañía discográfica, *Carried Along*, lo que implicaba conducir noventa minutos hacia y desde el estudio en Franklin casi todos los días, durante meses. La sesión de fotos para ese álbum fue en el segundo piso vacío y decrépito del banco de Watertown, allí mismo en el centro, y la tapa del álbum fue una foto de la hamaca en el patio, colgada entre dos almeces. El fotógrafo fue el legendario Michael Wilson, quien no solo saca esas maravillosas fotos en blanco y negro para las tapas de Lyle Lovett, sino que también sacó las icónicas fotografías de Rich Mullins para su álbum *A Liturgy, a Legacy, and a Ragamuffin Band* [Una liturgia, un legado y una banda de pelagatos]. Entre los amigos que hacían el viaje hasta Watertown para quedarse con nosotros estaban Keith Bordeaux, Michael Aukofer y Eric Hauk, también conocidos como los Kid Brothers de St. Frank, la orden espiritual extraoficial de Rich. Fueron tiempos felices. Pero, como dije, después de un tiempo, nos sentimos solos. Era un lugar, pero no era *nuestro* lugar. Y sin una familia de la iglesia, sabíamos que nos faltaba algo.

La lección que aprendimos fue la siguiente: no importa cuán bello sea tu lugar en el mundo; sin comunidad, no funciona. Incluso Wendell Berry, que florece en el medio de la nada en Kentucky, lo hace porque, para él, no es el medio de la nada. Los Berrys han sido agricultores ahí durante cinco generaciones. Sus raíces familiares son profundas en la tierra, y él es el dueño de ese terreno. Por más que me encantaba Watertown, fue tan solo un lugar de paso. En retrospectiva, me doy cuenta de que estaba buscando una versión de Monticello y Lake Butler en Tennessee, pero pronto tuve que reconocer que lo estaba haciendo sin un verdadero compromiso con la comunidad o con la tierra.

La prueba es la siguiente: no planté ni un solo árbol.

———

Nuestra iglesia en Nashville (la que enviaba la camioneta a nuestro *cul-de-sac* todas las semanas para buscar a nuestros vecinitos) se llamaba Primera Iglesia Cristiana. El edificio era un complejo enorme de ladrillo sobre la calle Franklin, bien al lado de la escuela secundaria Overton. La casa parroquial de la iglesia estaba metida entre los almeces en la parte de atrás del terreno, a la sombra del campo de fútbol americano de la Franklin Road Academy. Como el pastor tenía su propia casa, la casa parroquial estaba vacía, y ellos tuvieron el lindo gesto de alquilárnosla. Así que nos despedimos de Watertown después de un año y nos volvimos a mudar a Nashville, donde volví a encontrarme viviendo en una casa parroquial. Ah, la ironía. No te aburriré con los detalles, pero estuvimos ahí por aproximadamente un año, agradecidos pero aún con una sensación de estar desvinculados, antes de dar el salto y comprar nuestra primera casa. (Dicho sea de paso, unos años después, la Primera Iglesia cambió de nombre y le vendió la propiedad a la Franklin Road Academy, la cual utilizó el edificio para otra cosa y demolió la casa parroquial... no fue una gran pérdida, ya que estoy bastante seguro de que estaba embrujada).

Todo ese tiempo, había albergado un profundo anhelo de pertenecer a alguna parte, de vivir en un lugar propio en el cual pudiera trabajar el resto de mi vida. Y cuando por fin nos mudamos a nuestra casa en un complejo de casitas idénticas en la calle Harbor Lights, pensé que lo había encontrado. Bueno, por una semana aproximadamente.

No, no teníamos a ningún miembro de una secta de vecino. No, no había tiroteos. Aunque no podía explicarlo, sabía sin duda que la casa, por más adecuada que fuera para el sueño americano, no era nuestro hogar a largo plazo. Aun así, planté un arce en el patio de atrás y otro en el frente, en honor a los arces grande y pequeño de Monticello. También planté un durazno enano debajo del porche delantero y me regocijé cuando empezó a dar fruto. Pero lo más importante fue que, en aquella casa, leí *Jayber Crow*, un libro que me cambió la vida. Ya he escrito sobre ese libro, pero vale la pena repetirlo: aparte de Tolkien y Lewis, ningún otro autor ha despertado un anhelo en mí como Wendell Berry. Para el final de la historia, Jayber es un hombre de mediana edad que atesora un pequeño bosque natural al que apodó: «El Nido de Huevos». Así lo describe Jayber:

Había varios robles blancos de doble tronco, bien grandes, así que quizás haya habido un poco de corte ahí, hace mucho tiempo, pero solo en algunos lugares. Me pareció que algunos sitios estaban sin tocar. En el Nido de Huevos, había árboles que estaban ahí cuando D. Boone y los demás vinieron de cacería, y cuando los primeros Keiths, Coulters y Rowanberrys vinieron a establecerse; robles y nogales y tulíperos que era imposible abrazar completos con ambos brazos y que se elevaban sin una rama. [...] Una de las alegrías y finalmente el gozo más grande de mi vida en el río era mi cercanía al Nido de Huevos. Me encontraba a menos de un kilómetro (media milla) de allí. Iba río abajo por el camino y luego giraba hacia la cuenca del Coulter Branch por un caminito tan poco usado que es casi invisible. Realmente era un sendero que se mantenía marcado gracias a algún cazador ocasional o algún intruso (como yo) y a los animales salvajes. [...] Durante cierta distancia, en medio de las cañas, el camino parecía una madriguera. Y después salías de aquel confinamiento a un terreno pantanoso arbolado con arces rojos, fresnos, nogales y sicómoros, una suerte de vestíbulo, espacioso y ligero. [...] Desde este lugar de entrada, siempre con cuidado de no pisar ortigas,

se podía subir hasta una cuesta empinada pero baja
hasta el bosque más seco, donde no llegaba el agua y
los troncos oscuros eran altísimos, y entre ellos, se podía
ver aquí y allá el plateado de las hayas o, en medio de
los huecos, el blanco repentino de los sicómoros.[2]

Poco después de ese pasaje, Jayber queda desolado al enterarse de que arrasarán el bosque para cortar madera. Ve excavadoras retumbantes y escucha el gruñido de las motosierras, y se siente deshecho ante la destrucción en un solo día de lo que había tardado siglos en crecer... algo similar a la ruina del viejo ciprés de 3500 años, El Senador, debido a un incendio descuidado. Jayber se va aturdido y encuentra un viejo tronco de madera de deriva, se acuesta al lado y pronto se queda dormido bajo un manto de terrible dolor.

La mañana que terminé de leer el libro, me acurruqué de la misma manera en el suelo, sin el tronco de deriva pero con el mismo dolor. Sollocé un buen rato. Ah, cómo anhelaba el Edén. Cómo me dolía el desmantelamiento de esta gloriosa creación a cambio de un somero desarrollo de casas poco interesantes. Cuánto ansiaba aquellos campos inmaculados de maíz, esos arces brillantes y agitados por la brisa, bajo el cielo de Illinois. Anhelaba un jardín de viejos árboles y un silencio que hablara del placer de Dios en el mundo que creó. Pensé en las praderas amplias y soleadas de mi infancia en Illinois, seguidas de mi adolescencia a la sombra oscura del

---

2. Wendell Berry, *Jayber Crow* (Berkley, CA: Counterpoint Press, 2001), 344-46.

bosque tormentoso de Florida, en las sombras que se habían multiplicado en mi corazón como un nido de cucarachas, y sentí la necesidad desesperada de reclamar alguna visión de lo que se había perdido. ¿Podía darles a mis hijos un recuerdo mejor? ¿Acaso ese beneficio en su historia podía ayudar a redimir la mía?

El Nido de los Huevos de Jayber era más que ficción, más que una metáfora; sí, era un atisbo potente del Edén, pero no venía en la forma de una Narnia inalcanzable o una Comarca idealizada. La ficción de Berry se desarrolla en Kentucky, que no es ficticio. Allí hay lugares como el Nido de los Huevos. Los arces son reales, así como los nogales y los robles blancos y los sicómoros con su «blanco repentino». Berry había escrito sobre un mundo imaginario al cual realmente podía entrar... pero no sabía cómo entrar ahí desde los suburbios. Por supuesto, eso no significa que no se pueda. La gloria siempre se mete, incluso en las dispersiones urbanas más miserables. Pero en cuanto a mí y mi casa, después de seis años, era hora de partir.

Al principio, empezamos de manera tentativa, buscando un hogar que durara. En nuestro caso, la chica de la ciudad se casó con el chico del campo (aunque también me encanta la ciudad), así que intenté inclinar la balanza para un lugar algo remoto. Sin embargo, habíamos aprendido la lección en Watertown, así que tampoco queríamos estar demasiado alejados de todo. Como la comunidad es importante para nosotros, exploramos el este de Nashville y hasta hicimos una oferta para una casa allí antes de encontrar un hogar —¿puedes creerlo?— en Cane Ridge, a apenas diez minutos de Antioch. Así es; después de estar yendo y viniendo alrededor de la zona de Nashville durante diez años, terminamos en una propiedad que está cerca de aquel *cul-de-sac* y el arce plateado que dejamos atrás hace tantas mudanzas, a pocas cuadras de donde varios de los chicos a los que solíamos enseñar terminaron viviendo con sus propias familias. Si aquella noche de los disparos, alguien me hubiera dicho que dentro de diez años terminaría de nuevo en el vecindario, abriendo caminos a través de matorrales bajo fila de cedros anchos, almeces y robles palustres, no le habría creído.

Mientras escribo esto, hace catorce años que estamos aquí, y es la mayor cantidad de tiempo que Jamie o yo vivimos alguna vez en una casa. Por fin encontramos un lugar para amar. La vida está llena de sorpresas, así que no hay manera de estar seguros, pero tenemos toda la intención de quedarnos.

La prueba es la siguiente: ya planté cuarenta y siete árboles... y esos son solo los que no podé sin querer con la cortadora de césped.

VI

EL CONSOLADOR ME HA HALLADO EN EL CAMINO

Así, pues, en temporadas de clima suave,
por más tierra adentro que estemos,
Nuestra alma puede ver aquel mar
inmortal que nos trajo hasta aquí,
Y en un momento puede viajar hasta ahí,
y ver a los niños jugar en la orilla, y escuchar las
olas majestuosas que van y vienen mientras brillan.

—William Wordsworth

Escribo esto en el verano de 2020, mientras todo el mundo se encuentra en distintos grados de cuarentena. En marzo, estuve de gira en Inglaterra, cuando quedó en claro que el COVID-19 sería un problema. Quién iba a decir, mientras íbamos hacia el norte desde Londres para una serie de diez recitales, que se transformaría en mucho más que un *problema*... destruiría millones de vidas. Pocas personas sabían realmente lo mal que se pondría la cosa, así que me aferré a la esperanza de que nuestra gira mundial pudiera seguir.

Porque, en cuanto al arreglo que teníamos con el auto de alquiler, el que conducía era yo. No me molestaba para nada. Para empezar, era el que más experiencia tenía conduciendo con transmisión manual en el lado «incorrecto» de la carretera; pero la verdadera razón es que me encanta conducir en lugares hermosos. Como el parabrisas, claro está, es la

75

ventana más grande del auto, puedes sentarte en primera fila para ver el bello paisaje que se va desplegando ante ti, y como no puedes mirar el teléfono, tu atención siempre está puesta al frente. A los pobres muchachos de la banda les estaba llegando un aluvión de mensajes de texto de parte de amigos y familiares en casa, informando en tiempo real respecto al caos cada vez más profundo del COVID. Entre mensaje y mensaje, los chicos navegaban por internet en busca de noticias, y el estrés iba creciendo a cada minuto. Mientras tanto, yo escuchaba a David Gray y señalaba castillos y campanarios de iglesias y cabañitas acurrucadas en los valles. En ese momento, me resultaba impensable que la situación empeorara tanto como lo hizo. Tenía recitales donde tocar, trabajo por hacer y un reino sobre el cual cantar, así que no tenía ni un poquito de miedo. Inquietud, sí, pero nada de pánico. Ahora, me doy cuenta de que la preocupación de los muchachos estaba justificada, pero si soy sincero, en ese momento me puso de malhumor que se perdieran el paisaje de la campiña inglesa.

Varios años antes, había dejado un pedacito de mi corazón en las Islas Británicas. Había ido a Londres varias veces y lo había recorrido como turista. Es una ciudad maravillosa, con más capas de historia de lo que se puede llegar a comprender en una vida, y ni hablar de en un viaje rápido de tres días que se pasa principalmente arriba de los autobuses de dos pisos. Una vez, hablé con un británico que visitaba Estados Unidos, y cuando le informé que había ido a Inglaterra, pero que nunca había salido de Londres (excepto por un viaje rápido en autobús hasta Oxford), se rio y me dijo: «Es como que yo diga que estuve en Estados Unidos, pero que lo único que vi es la ciudad de Nueva York. La verdadera Inglaterra está *más allá* de Londres». Ahora que conozco un poco más de la isla, estoy de acuerdo.

Apenas a unos minutos de Londres, se entra al «cinturón verde»: un cordón de terrenos rurales y bosques de 600 000 hectáreas (1,5 millones de acres) que rodea la ciudad. La idea se propuso por primera vez en 1935 como forma de prevenir la dispersión urbana, preservar el campo y evitar que las ciudades vecinas se amalgamaran unas con otras. Ahora, la mayoría de las ciudades principales de Inglaterra tienen la protección de los cinturones verdes. El concepto me parece brillante, aunque la realidad es que tiene muchos detractores que argumentan que esto aumenta el precio de las viviendas y obliga a desplazarse desde más lejos, creando así más problemas de los que resuelve. Sin embargo, como me crie en un país que creció durante la era del automóvil y es tan grande que nadie nunca tuvo que pensar en limitar la dispersión, es fácil ver lo precioso y frágil que es el campo para ellos. Y no es solo el campo, sino también los pueblos y las ciudades, que pueden estar apenas a un kilómetro y medio (una milla) de distancia, y aun así mantener su propio carácter e historia. Aquí en Estados Unidos tenemos unos desarrollos suburbanos (si vives aquí, sabes exactamente de qué estoy hablando) con los mismos negocios (Best Buy, Old Navy, TJ Maxx), los mismos restaurantes (Olive Garden, Ruby

Tuesday's, Chipotle), los mismos hoteles, bancos, cadenas de cafeterías y centros comerciales, la misma imitación de ciudad que se ha encajado en cualquier terreno libre afuera de la ciudad. Si te llevaran con una venda en los ojos y te la sacaran dentro de uno de esos lugares en Boise, Cincinnati, o en Gainesville, te costaría saber en qué estado te encuentras, y ni hablar de en qué ciudad. No podrías ver cómo es la tierra, los árboles nativos ni la historia del suelo... y hay *tanta* historia en el suelo.

Por ejemplo, a pocos kilómetros de donde estoy, hay una hermosa biblioteca junto a un arroyo alimentado por manantiales que se une al río Harpeth. Durante su construcción en 1997, los obreros descubrieron los restos de un cementerio sagrado amerindio, completo con cuarenta y ocho ataúdes de piedra, unas cajas que se usaban en el siglo XVI en la cultura de Misisipi. El condado se puso en contacto con el concejo local de indios americanos y les preguntó cómo querían proceder. El concejo respondió que no querían que se perturbaran las tumbas, pero tampoco querían ninguna clase de monumento conmemorativo para los turistas, así que la respuesta fue un estacionamiento extraño, serpenteante e impráctico. Cada vez que voy ahí, pienso que las extrañas islas de hierba están cubriendo los restos de miembros de una comunidad próspera que vivía bajo los árboles del lugar. Es más, se han encontrado restos de asentamientos nativos cerca de cada cuerpo de agua en la zona de Nashville, así que cada vez que camino junto al arroyo Mill, voy atento a ver si encuentro alguna punta de flecha, y mi imaginación se dispara; en especial, cuando veo un árbol lo suficientemente añoso como para haber proporcionado sombra para estos indios americanos. Sin duda, tenemos historia, pero con todas estas tiendas de departamentos y estacionamientos por todas partes, no pensamos en esto.

¿Alguna vez escuchaste sobre Cahokia? Era una ciudad antigua sobre el río Misisipi, del lado de St. Louis que está en Illinois, hace mil años. Cahokia era inmensa, tenía una plaza enorme, montículos ceremoniales e incluso una red de edificaciones. Los arqueólogos estiman que en pleno auge, en el año 1300, tenía unas 40 000 personas, lo que en su momento la transformaban en una ciudad más grande que Londres. Durante la construcción de la autopista interestatal en la década de 1960, un tal Dr. Warren Wittry hizo un descubrimiento asombroso. Se encontró una serie de postes de madera organizados en anillos inmensos, cada uno doce postes más grande que el anterior, y la teoría es que tenían algún significado astronómico para la comunidad. El buen doctor le puso a su descubrimiento «Woodhenge». No sé tú, pero me molesta un poco no haber crecido escuchando tanto sombre Woodhenge como sobre Stonehenge. Había muchos más montículos en Cahokia que se podrían haber investigado y preservado, pero durante la construcción de St. Louis, se aplanaron. Piensa en eso la próxima vez que pases por el río fangoso Big Muddy hacia el Arco de St. Louis. Es cierto, hay varios sitios arqueológicos amerindios en esta parte de Estados Unidos que *sí* fueron salvados de las excavadoras, pero los niños se llevan la impresión de que los indios eran pocos y estaban alejados unos de otros, que vivían en tipis y se agrupaban exclusivamente en tribus pequeñas, inconsecuentes y en guerra. Pero eso no es verdad. Cahokia era una *ciudad*. Ahora, grandes franjas de la ciudad quedaron sepultadas donde convergen las autopistas interestatales 55, 44 y 70, además de los estacionamientos de asfalto de las estaciones de servicio y los centros comerciales que tienen exactamente el mismo aspecto en St. Louis que en Nashville. Hemos perdido nuestro sentido del lugar, y lo hemos perdido en nombre del progreso, la comodidad y la ganancia, y el costo de no solo la cultura y la belleza, sino también de las vidas de las personas y de su civilización. Perdimos el respeto por la creación misma.

Que el centro de muchas ciudades medianas se esté reclamando para las *personas* y no solo para las fábricas y los edificios de oficina es un paso en la dirección correcta, pero nos queda mucho camino por transitar. A decir verdad, como alguien que se dedica a viajar, debo admitir que la consistencia de las áreas de dispersión a las que me refiero tiene su parte reconfortante. A veces, lo único que quieres es comer en Chipotle y tomar una taza de café; no importa si estás en Boise, Cincinnati o Gainesville. Pero estaría dispuesto a dejar esa comodidad rápida y fácil en cualquier momento por la maravilla que viene de saber que estamos caminando en las huellas antiguas de culturas mucho más viejas que la de Estados Unidos, culturas que, como no tenían motores de combustión interna, tenían que vivir en cooperación con la geografía en la cual se encontraban. Por supuesto, hay ciudades antiguas y maravillosas en Estados Unidos; la mayoría, en la costa este; ciudades que preceden al automóvil y la revolución industrial, pero cuanto más al oeste conduces, más uniforme se pone la cosa. El martillo del progreso fue golpeando la tierra para adaptarla a sus propias necesidades, tallando caminos en las colinas, cosechando bosques enteros y reemplazando las granjas familiares con la agroindustria. No me malentiendas. Me encantan muchísimas cosas de Estados Unidos. Pero también he llegado a amar los caminitos angostos, los pueblos pintorescos y las fincas atemporales que he visto en Europa, Escandinavia y las Islas Británicas.

De vuelta en Inglaterra, mientras el COVID se disparaba, tocamos en Birmingham, después en Sheffield, luego en Manchester, y en ese punto, la situación de la pandemia en Estados Unidos estaba descontrolada. Los muchachos en la banda se sentían divididos entre su compromiso con la gira y su compromiso mayor con sus familias en casa, así que por fin llamé por teléfono a mi intrépida representante,

Christie, la cual organizó todo para que regresaran a casa. Después de la prueba de sonido en el centro de Manchester, les dije que no estaban obligados a quedarse, que yo seguiría adelante con los recitales sin ellos hasta que se pudiera. Mi manera de verlo era que, siempre y cuando las iglesias me recibieran, yo iría (una vez más, esto fue antes de que cualquiera de nosotros se diera cuenta de lo grave que sería este virus). Los recitales quedaban a criterio de los que hacían la promoción.

En realidad, me entusiasmaba la idea. No he pasado mucho tiempo solo en la ruta, así que el aventurero en mí estaba ansioso por salir solo, un trovador abriéndose paso en medio del peligro con una guitarra y una historia para contar. El plan era dejar a los muchachos en la estación de trenes de Glasgow, después tomar el ferry (donde me pararía de manera romántica junto a la baranda y miraría al horizonte como un vikingo al rocío de las olas) que cruzaba el Mar de Irlanda hasta Belfast, tocaría ahí una semana (y en mis días libres leería la poesía de Seamus Heaney junto al fuego en un pub iluminado con luz tenue), y después iría en ferry hasta Holyhead, Gales; conduciría por Snowdonia para tocar en Cardiff (donde me sentaría frente al castillo con mi diario de piel y haría el heroico intento de crear poesía propia), y terminaría en Londres (donde, al igual que Sherlock Holmes, caminaría a través de las calles nebulosas de adoquín bajo la pálida luz de la luna). Me estaban empezando a gustar ciertas partes de esto de la pandemia.

Cuando le dije a la banda que podían volver a casa, el alivio fue evidente en sus rostros, y de inmediato les dieron la buena noticia a sus esposas. A la mañana siguiente, condujimos al norte hacia Escocia, y reconfortados por saber que se dirigían a casa, los muchachos sintieron la libertad de levantar la mirada de los teléfonos y deleitarse en uno de los paisajes más pintorescos del mundo. Montañas gigantescas y grises que se estiraban hasta las nubes. Cercos de piedra que serpenteaban hacia los valles, donde había fincas anidadas en medio de ríos acaudalados. Las laderas estaban salpicadas de ovejas, como en los días de antaño. Quizás incluso hayamos escuchado la banda sonora de *Corazón valiente*. Sé que escuchamos a Kate Rusby.

Mi amigo Steph McLeod, el cantautor escocés con quien compartimos la cuenta aquella noche en Glasgow, nos dio una visita guiada de las calles magníficas de Glasgow. Aunque a primera vista era una ciudad más humilde que Edimburgo, y no ostentaba ningún castillo sobre una montaña al mejor estilo de Harry Potter, sus edificios eran antiguos y ornamentados, y destellaban con el rocío escocés. Nos dirigimos a la vieja iglesia de piedra arenisca para la prueba de sonido, y mientras los muchachos estaban en la plataforma, me escabullí a la antesala para hablar con Christie. Ella me informó que Estados Unidos acababa de anunciar una veda de viajes provenientes de Reino Unido, y que si no volvía a casa en cuarenta y ocho horas, tal vez no pudiera volver en semanas, si no meses. Inmediatamente después, recibí un llamado de amigos en Irlanda del Norte, diciéndome que habían tomado la decisión difícil pero sabia de cancelar mis conciertos.

Bueno, esa era la confirmación que estaba esperando. Volvería a casa. Sentí una mezcla de alivio y desilusión; por un lado, estaría de nuevo en el cálido abrazo de mi familia, esperando a que pasara el virus desde la comodidad de The Warren, pero por otro lado, no podría ir como un vikingo por el Mar de Irlanda ni perderme por las calles empedradas de Londres todo lo que quisiera.

El concierto aquella noche en Glasgow fue maravilloso (como los demás de esa gira), y mientras escribo esto, fue el último concierto no virtual en el que toqué. Los escoceses son un grupo alborotado y apasionado, y este cantautor en particular siempre da gracias por el alboroto (al menos, *después* de que termina una canción). Todavía tenía que llevar el auto de alquiler de regreso a Londres, así que a la mañana siguiente, dejé a los muchachos en la estación de trenes. Descargamos su equipaje y nos abrazamos (algo que habría apreciado mucho más si hubiera sabido que pronto se prohibirían los abrazos), y eso fue todo.

De repente, me quedé solo.

Solo en Escocia, sin ningún compromiso hasta mi vuelo que salía de Londres al día siguiente. Me inundaron las emociones. Confieso que lloré mientras mi GPS me guiaba a salir de Glasgow, y no por la libertad. Lloraba porque me sentía abandonado.

Con el riesgo de abrir una caja de Pandora, te revelaré algo. En conflicto con mi gran amor por la soledad, se encuentra mi gran temor al aislamiento. La soledad es una decisión. El aislamiento es infligido. Por ejemplo, uno de mis lugares favoritos del mundo está aquí mismo, en Chapter House, pero solo cuando Jamie está en casa haciendo lo suyo, y Skye está en el porche escribiendo una canción a un volumen lo suficientemente fuerte como para que escuche su dulce voz de vez en cuando. Los muchachos viven cerca, así que, incluso si no estamos en la misma habitación, parece que estamos todos juntos. El placer de la soledad no es sentirse solo, sino la cercanía del amor. Cuando me voy a deambular por los senderos aquí en The Warren, sé que mis amigos están a un viaje corto en auto de distancia, mi familia está lo suficientemente cerca como para escabullirme de ellos (y volver enseguida), y cuando tengo un buen día, siento el placer de la presencia de Dios que todo lo abarca, como las ramas protectoras de un viejo árbol. El silencio es más como un abrazo.

Estar aislado es encontrarte solo cuando no quieres estarlo.

Me pasa cuando expreso una opinión que nadie más comparte. Cuando las personas me miran como si estuviera loco, se me acelera el corazón y la historia que me cuento a mí mismo es que ahora estoy aislado de ellos para siempre, que hay algo esencialmente mal en mí y que ahora eso es evidente para todos. El aislamiento es cuando quieres pedirle perdón a un amigo y no te responde el teléfono, a veces durante semanas. En su peor forma, el aislamiento se siente como una traición. Al menos, eso es lo que me repito. Significa que, al principio, estoy indignado.

El problema es de ellos, pienso. A partir de ahí, me deslizo fácilmente al autodesprecio y los reproches, porque enseguida creo que el problema soy *yo*, y que, después de todo, es lo que merezco. Uno de estos días, escribiré un libro sobre las cosas que sucedieron que trajeron el temor candente del aislamiento, pero este no es el libro adecuado. Este es un libro sobre los árboles.

Y gracias a los árboles, algo cambió.

Cuando pude salir del centro de Glasgow y llegué a las colinas de la parte más baja de Escocia, me había liberado de las voces en mi cabeza que susurraban que mi amada banda me había abandonado, que estaba completamente solo y siempre lo estaría, que lo mejor era apostar a lo seguro y quitar el riesgo del abandono, haciendo conciertos por mi cuenta. Como es posible que estos muchachos lean esto, quiero ser bien claro: no me abandonaron. Yo opté por enviarlos a casa. Estaban atrapados entre la espada y la pared, y con sabiduría, eligieron a sus familias. Fue lo correcto. La sensación de aislamiento y abandono que describí es meramente el relato interno contra el cual he batallado (y el cual he albergado) la mayor parte de mi vida adulta; algo que el enemigo de mi corazón ha explotado una y otra vez. Pero ¿qué pasa con el Padre de mi corazón? ¿Cuál es la historia que me cuenta una y otra vez, el contrarrelato de mi condición de ser amado?

Ah, ahí se dirige esta historia.

Para el mediodía, ya me sentía renovado. Hablé con Dios en voz alta en el auto. Le di gracias profusamente por cada fachada de piedra, cada vaca roja peluda, cada bocado del pastel de carne escocés que había comprado en una estación de servicio. Le di gracias por las curvas en la M74 que me permitían vislumbrar nieve en lo alto, páramos grises debajo de nubes densas, y por los rayos de sol que atravesaban todo y destellaban sobre la superficie encrespada y gris de los lagos en los valles. Él había transformado el desierto de aislamiento en un bosque de soledad, y me había dado el regalo de la presencia y la acción de gracias.

Gracias a mi hábil teléfono inteligente, descubrí que el Distrito de los Lagos no estaba tan lejos, así que dejé el camino por donde iba y me metí en el paisaje más dramático de Inglaterra, donde las bases arboladas de las montañas bordean lagos tan exquisitamente ubicados que un pintor podría subestimar la regla de los tercios. Por donde mirara, resplandecía el número áureo, y cada paisaje cantaba sobre la gloria de Dios. El Señor del cielo estaba conmigo, y yo no tenía temor.

Me detuve en Keswick, una ciudad en la zona de los lagos, donde Jamie y yo habíamos pasado una semana maravillosa en una convención el verano anterior, y volví a recorrer nuestros pasos junto al agua, a la casa de Coleridge y hasta el pueblito en sí, donde entré a mirar libros usados en una biblioteca (y compré una primera edición de 1893 de una colección de dos volúmenes de poemas de George MacDonald). Conduje hasta el Círculo de piedras de Castlerigg, donde hace 3000 años, unos druidas sin ningún conocimiento del Dios de Abraham, hicieron lo mejor que pudieron para honrar, la evidente santidad de las montañas vivas que los rodeaban.

Después de Keswick, conduje por el pueblito de Grasmere, después volví a visitar Dove Cottage, una cabaña donde vivió Wordsworth con su hermana. Allí fue donde se sentaba durante horas en el jardín que él y su hermana cultivaban, para trabajar en mucho de sus grandes poemas. No soy experto en poesía, pero en los últimos quince años más o menos ha llegado a maravillarme su poder para cambiarnos. Al igual que las letras de las canciones, una línea de poesía puede ser un cable entre dos corazones, que envía corrientes de consuelo a través de cientos de años. Los poetas (especialmente, aquellos que escribían en un lugar, *sobre* un lugar) a veces dejan lo que el cantautor Pierce Pettis llamó «sobrecitos de luz» por el camino, a la espera de que el viajero solitario los encuentre. Cuando Jamie y yo visitamos Dove Cottage con amigos el verano anterior, el guía turístico nos llevó hasta los rincones sobre los cuales Wordsworth escribió, y nos quedamos contemplando los paisajes tranquilos, mientras nuestro guía, con un deleite contagioso, recitaba las líneas de siglos de antigüedad. Aquellas líneas, entretejidas a través de los siglos y amarradas al suelo bajo nuestros pies, nos permitieron ver con otros ojos lo que ya estaba ahí. Wordsworth escribió que la poesía, el arte e incluso la jardinería pueden «conmover los afectos» cuando estamos «en medio de las realidades de las cosas».

Miré cuesta abajo a la realidad del amado lago Grasmere de Wordsworth, anidado en el valle. Allí fue donde escribió:

> *Triste me encontraba, en mi dolor deprimido,*
> *¡Oh carga pesada y temeraria!*
> *El Consolador me ha hallado en el camino,*
> *En esta senda solitaria.*

Con una sensación de que aquellas palabras se habían escrito solo para mí, avancé hasta el lago largo y profundo de Windermere (¿no es un nombre precioso para un lago?) y encontré un lugar tranquilo entre los árboles. Allí en Windermere, Wordsworth escribió estas líneas:

> *Sin embargo, hasta hoy, el lugar me es muy querido,*
> *Con toda su ridícula fastuosidad. El jardín descansaba*
> *sobre una cuesta rodeada de una pradera*
> *con un pequeño campo de bolos; detrás de nosotros había*
> *una arboleda, con destellos de agua a través de los árboles*
> *y por encima de las copas.*

Vi los destellos de agua a través de los árboles y, una vez más, supe que no estaba solo; no estaba aislado en absoluto, sino presente en el misterio del tiempo con el mismísimo Wordsworth, mientras contemplaba la arboleda y el lago y la forma inalterada de las montañas que lo bordeaban. Algunos de estos mismos árboles ya habían dado nuevas ramas en primavera dos siglos atrás, mientras Wordsworth y Coleridge deambulaban por el borde de esta misma orilla. Aquellos árboles y el lago cristalino me aseguraban que, en la super-posición del tiempo y la particularidad, estamos rodeados por una nube de testigos de la presencia perdurable de Dios. Estamos aquí y después ya no, pero los poemas duran... a veces, incluso más que los árboles. Podemos caminar entre las palabras de igual manera que caminamos entre arboledas antiguas. Era la una de la tarde, y la sensación de abandono de aquella mañana ya parecía absurda, y había sido reempla-zada por la rima del tiempo con el lugar, la particularidad y, sobre todo, la presencia: la presencia de Dios conmigo, y mi presencia en el mundo que Él creó.

Agradece por los días prolongados; el corazón puede via-jar lejos en la claridad de la primavera temprana. Me que-daban seis horas de viaje, y mucha bendita luz de sol que gastar. Seguí conduciendo, pasé junto a Rydal House, donde Wordsworth murió, y recordé con regocijo el día en que me senté bajo la glorieta allí con Jamie y nuestros amigos, riendo mientras yo despedazaba jocosamente uno de los poemas de Wordsworth con mi abominable acento londinense nativo. Casi que podía vernos a los cuatro, casi que podía escuchar las risas. Sentí el mismo consuelo de la soledad (no del ais-lamiento) que siento en la tranquilidad de Chapter House, sabiendo que aquellos a los que más amo están a la distancia de un grito.

12/13/20   CHATSWORTH, PEAK DISTRICT   Andrew
                  ENGLAND

Me despedí del Distrito de los Lagos y me dirigí al sur, más y más cerca de Londres y del final de mi día gloriosamente solitario. Cada vez que podía, me estacionaba en alguna parada turística para consultar mi teléfono, con la esperanza de encontrar alguna buena senda circular donde caminar antes de volver a la tierra sin sendas de Estados Unidos (más sobre eso más adelante). Sin embargo, fue difícil, porque no tenía ninguna guía turística. Entonces, se me ocurrió una idea. Estacioné el auto y le envié un mensaje de texto a mi amigo Micah, un expatriado norteamericano que vive en Oxford.

> *¡Micah! Soy Andrew. Estoy en Inglaterra. ¿Me darías algo de información? Estoy camino a Londres desde*

los Lagos. Tengo tiempo exactamente para completar un sendero antes de que se ponga el sol. ¿Me dirías cuál es uno bueno?

A Micah, un caminante como yo, le encantó la idea.

Dame unos minutos y te enviaré algunas opciones.

A continuación, me dirigí a Buckley Green. Micah me dijo que estaba cerca de donde creció Mary Arden... Mary Arden Shakespeare, la madre del mismísimo Bardo. Cuando Shakespeare escribió *Como gustéis*, probablemente basó el bosque en estas arboledas; lugares donde, en la obra, el bosque edénico está lleno de magia, apariciones y el descubrimiento del amor. El sol avanzaba rápido cuando llegué al comienzo del sendero, que estaba junto a uno de los típicos caminitos angostos de Inglaterra. Estacioné el auto en el lugar menos inoportuno que pude encontrar, me puse unos zapatos a prueba de agua y emprendí el camino. A los pocos minutos, deseé haber tenido botas de goma, porque avanzaba con dificultad a través del lodo y el estiércol que me llegaban a la espinilla, gracias al invierno británico más húmedo que había dejado sus rastros. Sin embargo, valió la pena completamente, porque me alejé de la autovía ruidosa, y me dirigí tranquilamente hacia el silencio de los campos y los bosques entre las luces del atardecer, y una vez más, tuve una profunda conciencia de la presencia de Dios. Al terminar la caminata, unas horas después, el sol se había puesto y las estrellas brillaban en el crepúsculo. De vez en cuando, subía alguna colina oscura, emergía desde bosquecillos de robles y abedules y me detenía a recuperar el aire, mientras me deleitaba en el silencio que tan solo se interrumpía por algún balido de una oveja distante. Abajo, en los claros florecientes, brillaban las luces amarillas en las ventanas de las cabañas lejanas. El aire de marzo era nítido y sin viento, y traía el aroma débil pero no desagradable de tierra húmeda y estiércol. Me quedé quieto un rato, completamente solo, a un océano de distancia de mi familia, y sin embargo, no me sentía solo bajo la luz de las primeras estrellas de la noche. En alguna parte en la oscuridad de más abajo se encontraba mi confiable auto de alquiler, y supe que era hora de partir. Bajé por unas gradas hasta el último campo y tomé por sorpresa a un rebaño de ovejas. Balaron muy irritadas mientras yo me abría paso cuesta abajo y las dispersaba al avanzar. Cuando llegué de vuelta al auto, tenía los zapatos llenos de lodo y las piernas del pantalón empapadas.

Me cambié en medio de la oscuridad y conduje hasta Stratford-upon-Avon para cenar en un pub llamado The Old Thatch, que está ahí desde 1470. Shakespeare nació a menos de 300 metros (300 yardas) de distancia. Debajo de ramas de roble más antiguas que Estados Unidos, comí pastel de cordero y patatas y leí mi libro de George MacDonald, más agradecido de lo que podía expresar porque el Señor había querido darme el regalo de un buen día de soledad, porque había caminado por viejas arboledas en el Bosque de Arden, donde los árboles y los arroyos y las piedras nos hablan de su Creador, si tenemos oídos para oír. Shakespeare escribió:

«Así, nuestra vida, aislada del trato social, halla lenguas en los árboles, libros en los arroyos, sermones en las piedras y el bien en todas las cosas. Yo no la cambiaría».

Yo tampoco, Shakespeare. El Consolador me ha hallado en el camino.

VII

LA ARBOLEDA ENCANTADA

Aunque nada puede hacer volver
el esplendor de la hierba,
de la gloria que la flor no conserva;
en lugar de dar lugar a la tristeza,
encontremos en lo que atrás queda
fortaleza; en la compasión primordial
que brinda el haber sido al final;
en los reconfortantes pensamientos
que brotan de nuestro humano sufrimiento.

—William Wordsworth

Como ya he dicho, en el paisaje de mi infancia, para mí, Illinois es como el Jardín, y Florida, la Caída. Aunque había similitudes importantes (en el tamaño de las ciudades, las casas parroquiales, la cultura agraria circuncidante), los lugares no podrían haber sido más diferentes. A menudo, lo he descrito de la siguiente manera: me habían sacado de una pintura de Norman Rockwell y sumergido en el oscuro corazón de una historia de Flannery O'Connor.

Los árboles eran completamente distintos. En Florida, había todo un bosque húmedo y zumbante, en comparación con los amplios sembradíos de Monticello. En Illinois, la gente tenía una falta de acento típica de la región central de Estados Unidos, una manera de hablar que para mí era tan abierta y sencilla como las Grandes Llanuras; en Florida, el acento era tan sureño que me costaba entender a los demás chicos de la escuela. A menudo, me llamaban el yanqui,[3] y tuve que preguntarles a mis padres qué significaba. En Illinois, tenía la ilusión (hasta justo antes de que nos fuéramos) de que era un chico bueno. En Florida, mi corazón dejó el camino derecho y angosto y se enlodó en las tierras pantanosas. El cambio entre esas dos culturas, esas dos geografías, esas dos galaxias, fue una gran sacudida, y me he pasado gran parte de mi vida adulta tratando de entender lo que le hizo a mi joven corazón.

Permíteme darte una idea de lo que quiero decir. Cuando tenía nueve años y vivíamos en Jacksonville, mi hermano y yo fuimos a las vías prohibidas del tren a jugar en el claro herboso debajo del arcén, y nos quedamos hasta más tarde de lo que debíamos. Mi papá se enojó porque lo hicimos llegar tarde a una reunión de la iglesia, así que en vez de dejarnos a mi hermano y a mí quedarnos en casa esa noche a jugar con la Atari, nos llevó a la iglesia y nos hizo esperar nuestro castigo en su oficina. Probablemente, iba a ser no más que una reprimenda severa, pero por alguna razón que ahora no puedo entender, decidí que lo mejor sería escaparnos. Mi hermano mayor no quería, pero de alguna manera, lo convencí. Nos escapamos de la oficina al atardecer, corrimos un kilómetro y medio (una milla) de regreso a casa, saqueamos el cajón del escritorio de mi papá en busca de cambio y

---

3. [Nota de la traductora:] Para los extranjeros, un yanqui es un norteamericano. Para los norteamericanos, un yanqui es alguien proveniente del norte de Estados Unidos.

huimos con 2.64 dólares en los bolsillos de nuestros vaqueros Wrangler. Planeábamos vivir detrás del supermercado local y ganar dinero ayudando a las personas a cargar las bolsas en sus autos. Pero primero, teníamos que sobrevivir a la noche en el bosque detrás de la tienda. Mi hermano y yo nos escondimos allí atrás hasta bastante después del anochecer, y para entonces, mis padres habían llamado a la policía. Como seguro nos atraparían detrás de la tienda, nos deslizamos por canales y nos acostamos lo más planos que pudimos entre las malezas mientras las linternas de la policía barrían los costados del camino. Alrededor de la medianoche, decidimos que se había terminado el juego y emprendimos el vergonzoso camino a casa. Uno de los ancianos de la iglesia pasó con el auto y nos divisó cruzando la calle. «Muchachos, tienen que volver a casa», fue lo único que nos dijo. Cuando entramos por la puerta, mamá y papá cayeron de rodillas y nos abrazaron. Estaban llorando. Habían llamado a la policía, después a la iglesia y luego salido a llamar puerta por puerta en el vecindario para preguntar si alguien había visto a dos muchachos extraviados. La peor parte fue que, al día siguiente, los chicos en la escuela me miraban como si fuera un fenómeno. De ahí en más, fui un marginado, tanto en la mente de ellos como en la mía.

Me metí en varias peleas. El castigo corporal se usaba mucho en aquella época, así que los maestros y los directores me castigaban con nalgadas habitualmente… y habitualmente, me lo merecía. De forma constante, mentía sobre mi paradero. Había niños que me mostraron cosas terribles que contaminaron mi imaginación. Podía ponerme la sonrisa del hijo del predicador ante los adultos, pero sabía que enmascaraba un corazón deplorable.

No era solo que el mundo en mi *interior* estuviera oscuro; aunque, por cierto, estaba lo suficientemente oscuro como para causar problemas. El mundo que me rodeaba también lo estaba. Era siniestro y más peligroso de lo que habría creído un año antes. El primer verano que vivimos en Florida, cuando tenía ocho años, había un *cul-de-sac* cubierto de malezas al final de un vecindario sin terminar, donde mi hermano y yo a veces les disparábamos a las ranas con una pistola de aire comprimido para después freír las patas. Un día, fui con mi bicicleta hasta ahí y descubrí un cerdo muerto, al menos tan grande como yo, abierto al medio y lleno de gusanos. Lo moví un rato con un palo, con una mezcla de repulsión y fascinación, y después fui rápido a mi casa para contarle a mi papá. Él investigó un poco y dijo que parecía que había sido parte de una ceremonia ocultista. Tristemente, no fue la única vez que apareció el ocultismo. Una vez, mi primo me llevó a una casa abandonada en lo profundo del bosque para mostrarme las estrellas de cinco puntas pintadas en la pared, las velas gastadas sobre el suelo y pintura color rojo sangre salpicada por todas partes. También hubo asesinatos en la ciudad. Recuerdo como si fuera ayer el día en que ejecutaron al asesino serial Ted Bundy en la prisión, a menos de diez kilómetros (seis millas) de mi casa. Había racismo (recuerdo disturbios después de un partido de fútbol americano), abuso de drogas y peleas violentas en la escuela, por no mencionar la promiscuidad (entre los niños) y el abuso sexual (también entre los niños).

Debo reiterar que también había muchas cosas buenas. Pero el choque cultural que produjo la mudanza a Florida me enseñó lo siguiente:

Yo no era el muchachito perfecto que creía ser.

El mundo era más oscuro de lo que podía soñar.

No quiere decir que, si me hubiera quedado en Monticello, no me habría dado cuenta de estas cosas; seguramente, lo habría hecho, de una u otra manera. Pero parece fácil colocar la línea divisoria entre la infancia (el Edén) y la adolescencia (el exilio) entre estos dos lugares, aunque sea de la manera nebulosa en la que interpretamos nuestra propia historia.

Mis padres eran ambos oriundos de Florida, sureños hasta la médula, aunque se conocieron en Georgia en lo que se solía llamar Universidad Cristiana de Atlanta. Lo más probable es que el acento se les haya diluido durante sus diez años en Illinois, así que no me lo pasaron a mí, pero cuando volvieron a Florida, volvió con toda la furia, lo cual me dejó en la curiosa posición de considerarme un no sureño rodeado, tanto en casa *como* en la escuela, por un clima sureño profundo y desorientador.

Reaccioné aferrándome con todas mis fuerzas a mi acento del medio oeste (o la falta de acento, como yo lo consideraba). Sin embargo, las viejas película caseras prueban que no tuve todo el éxito que pensaba; los cuatro chicos Peterson terminamos sonando igual que nuestros padres y compañeros de escuela. Aunque perdí la costumbre de arrastrar las palabras, puedo volver a eso en un segundo, y cinco minutos después de estar en Lake Butler me llevan directo de regreso a los viejos hábitos.

Ahora, entiendo que mi lucha por hablar sin acento en lo profundo del sur era una manera de protegerme. Lo que más quería era pertenecer, y como no creía que eso fuera a suceder jamás, me labré un nicho defensivo al hablar como alguien proveniente de Illinois, y también al andar en patineta, leer novelas fantásticas e historietas y negarme a toda costa a escuchar música *country*. Me da vergüenza admitir que no me detuve ahí. También me gustaba ridiculizar a mis amigos y su cultura, al punto en que estoy seguro de que no solo me quedé afuera de amistades, sino también de mucha diversión. Todos conducían vehículos todoterreno y 4x4, pescaban, cazaban y exhibían vacas en la feria estatal, y yo me burlaba de manera detestable de todo eso, mientras usaba mis Chuck Taylors rosas y tocaba canciones de Journey. Ahora que soy mayor, 1) me doy cuenta de que hay excelente música *country*, 2) quisiera saber cazar y pescar, 3) al menos una vez al mes, investigo sobre la cría de ovejas, 4) me encanta mi camioneta y 5) tengo un par de botas muy útiles.

Todo esto para decir que cambié de opinión. Si pudiera viajar al pasado y darle algún consejo a una versión más joven de mí mismo que luchaba por encontrar su lugar en Florida, tendría varias cosas para decir:

En primer lugar, los demás chicos de la escuela probablemente están igual de asustados que tú. Sus padres se pelean. Los acosan su propia culpa y vergüenza. No seas malo con ellos. Algunos chicos que yo consideraba malos por el simple hecho de ser deportistas, crecieron para transformarse en ancianos y diáconos de la iglesia de mi papá. Me encontré con ellos en las reuniones de Acción de Gracias y Navidad, y cuando me trataron con tanta bondad y mostraron interés en mí y en mi familia, me di cuenta de que me había perdido la posibilidad de entablar buenas amistades. Supongo que todos necesitábamos crecer un poco.

En segundo lugar, me diría que prestara atención adonde estaba. Muchos de los chicos de la escuela parecían estar resignados a la vida en Lake Butler, pero yo no quería saber nada con eso. Para volver a *Qué bello es vivir*, yo era George Bailey, y me moría de ganas de sacudirme el polvo de aquel pueblucho de mala muerte de los pies para poder salir a ver el mundo. Decididamente, había algo de los Tuk en mí, un anhelo por ver las montañas —¡*montañas*, Gandalf!—, y ciudades amplias y culturas exóticas. El mundo era más vasto que el condado de Union en Florida, y tal vez yo lo sabía más que otros porque había venido de otra parte; específicamente, de la lejanía salvaje y exótica del centro de Illinois. Esa inquietud viajera me ha acompañado desde que tengo memoria. Durante el breve lapso que nuestra familia pasó en los suburbios de Jacksonville, a menudo iba en bicicleta hasta las vías del tren que serpenteaba junto al río St. John (las vías que me metieron en problemas antes), iba más allá de ellas de lo que permitía la prudencia y sentía el deseo de seguir avanzando, para ver adónde llegaba. Una vez, me encontré con un joven con una mochila, que estaba haciendo un descanso de su viaje apoyado contra una señal de cruce ferroviario. Yo tenía unos nueve años, pero salí corriendo a casa y empaqué un bolso con toda la intención de seguirlo. Sin embargo, cuando volví a las vías, se había ido. Estaba atascado ahí. Así que aquellos años en Lake Butler fueron penosos. Estábamos confinados en el condado más pequeño del estado de Florida, y con mi manera arrogante de ser, supuse que también estaba confinado entre las imaginaciones más pequeñas. Ahora, por supuesto, veo lo equivocado que estaba. Considera esto mi disculpa formal a Lake Butler.

El problema no era Florida. El problema era yo. Todos esos robles vivos y pinos estaban llenos de maravillas, pero yo me negaba a verlo. No sabía que la prisión no era Lake Butler, sino yo mismo. Me aborrecía a mí mismo, pero no podía ni expresarlo ni admitirlo, así que proyectaba ese repudio sobre cualquiera o cualquier cosa que me rodeara. Tal vez parezca que soy demasiado duro conmigo mismo. Y quizás así sea. También hubo muchos días buenos. Pero no hacen que mi pecado sea menos verdad.

Venir a Nashville diez años más tarde con Jamie, como un cristiano que se sentía abrumado por lo increíble que era la buena noticia (que Dios me conocía y, aún así, me amaba lo suficiente como para ponerme un anillo en el dedo y llamarme Su hijo amado y dar una fiesta) significaba empezar de nuevo. De ninguna manera era perfecto, pero al menos, sabía que había sido perdonado, y esas semillitas siguen creciendo y dando ramas donde las aves hacen su nido. Vinimos aquí hace casi un cuarto de siglo, y es el hogar más verdadero que conocí jamás. Esa es la parte buena. ¿La parte mala? Es difícil volver adonde crecí. Apenas cruzo la frontera estatal de Florida, una niebla oscura se junta alrededor de mis tobillos y va subiendo hacia mi corazón. Los recuerdos arden. El acento se vuelve a colar en las vocales. Las voces del reproche me llenan la mente. Desde las aguas tranquilas, se agitan preguntas, y empiezo a preguntarme, primero, por qué permití que mi egoísmo lastimara a las personas, y segundo, por qué yo salí tan herido... porque *parte* del dolor no era mi culpa. Una parte la recibí de otras personas rotas. La imagen mental que llevo conmigo es la de un niño pequeño de Monticello, perdido en los bosques silvestres de Florida, llorando debajo de los robles vivos porque se habían llevado su inocencia y ya no podía recuperarla. Sospecha que la raíz de su exilio es alguna falla venenosa que lleva a cuestas dondequiera que va, una enfermedad que se ha filtrado de las suelas de sus pies y hasta la tierra arenosa de Florida, donde tomó la forma de una bestia avara que acecha en el bosque. Si puede correr lo suficientemente rápido, saltar al tren o desaparecer dentro de algún libro, tal vez pueda encontrar refugio, o al menos olvidar durante un tiempo que está condenado.

Ah, cómo quiero a ese niño. Quisiera poder decirle lo que ahora sé: hay una presencia en el bosque que es más antigua y más fuerte y más bondadosa que el fantasma que lo acosa. Si tan solo se quedara lo suficientemente quieto como para permitírselo, esa presencia sustituiría el veneno, se filtraría a través de sus pies y a su corazón como una vid mágica y transformaría el bosque oscuro en un jardín de maravillas.

Cuando mi hijo mayor cumplió doce años, su abuela le compró un libro llamado *El despertar*. Dijo que era su libro favorito cuando era niña. Por supuesto, yo había escuchado al respecto. La autora Marjorie Kinnan Rawlings, ganadora del premio Pulitzer, vivía a apenas una hora al sur de Lake Butler, en un pueblo cercano a Micanopy llamado Cross Creek. Era nuestra autora local más famosa. Mis padres me animaron a leer *El despertar* muchas veces, pero en mi adolescencia, no me interesaba. Se trataba de un chico con un ciervo, y el ciervo se muere. ¿Qué más necesitas saber? Ya había visto *Su más fiel amigo* y *Donde crece el helecho rojo*. Había leído *Trueno*. Todos ya sabemos cómo terminan esas historias. No solo eso, sino que había una marcada falta de dragones, enanos y elfos. Pero lo que verdaderamente no me gustaba del libro no era la falta de fantasía. Era que el libro se desarrollaba en Florida. No solo en Florida, sino que en *mi* parte de Florida, en el mismísimo lugar del cual quería escapar más que de cualquier otro lado del mundo. ¿Por qué querría invertir semanas en un libro como ese? Sería como escapar de una celda de prisión solo para quedar encerrado en otra.

Pasaron treinta años.

El libro se abrió camino hasta The Warren, a través de un abuelo, saltándose una generación, y llegó a las manos de un niñito para el cual Florida no era una mala palabra. Aedan lo terminó y me dijo, con lágrimas en los ojos, que era el mejor libro que había leído. Eso me hizo pensar, porque Aedan es un gran lector, y ya respetaba su gusto en libros incluso cuando tenía doce años. Con varias décadas de distancia entre Lake Butler y yo, decidí que tal vez era hora de ver por qué tanto aspaviento con ese libro, así que con algo de inquietud, abrí el libro, atravesé una delgada puerta mosquitera hacia los bosques húmedos de mi infancia, y empecé.

Desde la primera escena, me atrapó. Jody Baxter, de doce años de edad, tenía que estar haciendo sus tareas domésticas pero se escapa a un arroyo en el bosque, donde se esconde en un hueco y fabrica una rueda hidráulica (un «molinillo que aletea») con hojas de palmeto. Se queda ahí en medio de la soledad, perdido en la magia de la rueda hidráulica, y se duerme. La manera en la que Rawlings describe los pinos de la arena, las bejarias, las lyonas lucidas y los arbustos sparkleberry estimularon en mi corazón un sorprendente afecto por la tierra de mi juventud.

> *A él le parecía algo extraño, ya que la tierra era tierra y la lluvia era lluvia, que los pinos escuálidos crecieran en los matorrales, mientras que junto a cada rama y lago y río, crecían magnolias. Los perros eran los mismos en todas partes, y los bueyes y las mulas y los caballos. Pero los árboles eran distintos en distintos lugares.*
>
> *«Supongo que es porque no se pueden mover para nada», decidió. Aceptaban el alimento que estuviera bajo el suelo donde estaban plantados.*
>
> *El margen este del camino descendía de repente. Bajaba seis metros (veinte pies) hasta un arroyo. La orilla estaba llena de magnolias y gordonias, liquidámbares y fresnos. Descendió hasta el arroyo en la oscuridad fresca de sus sombras. Le sobrevino un placer intenso. Este era un lugar secreto y hermoso.*[4]

Un lugar secreto y hermoso, como el árbol para pensar en Monticello. Mientras leía sentí como si el mobiliario de mis recuerdos se reacomodara por medio de un *poltergeist*. De repente, surgió la posibilidad de que incluso en Florida hubieran lugares secretos y bellos. El desdén que había sentido por Lake Butler tantos años atrás empezó a disolverse en medio

---

4. Marjorie Kinnan Rawlings, *The Yearling* (1938; reimpr., Nueva York: Scribner, 2001), 3.

de un ínfimo atisbo de asombro, lo cual es suficiente para cambiar una vida. Tan solo unos minutos atrás, no le habría prestado demasiada atención a la flora y la fauna del norte de Florida, y de repente, quería acostarme junto al arroyo burbujeante con el joven Jody a observar cómo giraba el molinillo. Más que eso, quería ser niño otra vez. Inocente. Con la capacidad de dejarse encantar por lo profundo del bosque y sorprender por las magnolias. De alguna manera, a lo largo de la adolescencia, había perdido la capacidad de ver —de *ver* realmente— lo que la gloria de Dios había prodigado en aquel rincón del mundo al cual me habían trasplantado. Marjorie Rawlings no creció en Florida, pero el lugar le robó el corazón después de su primera visita desde Washington, D. C. Se mudó al sur y le gustó tanto que nunca más se fue. ¿Cómo podía ser que yo me lo hubiera perdido así?

Resulta ser que la respuesta estaba en el libro. Sencillamente, tenía que seguir leyendo. Seguí la historia de Jody, que se superponía con la mía casi a cada momento, tanto es así que no me habría sorprendido divisar a la versión infantil de mí escondido detrás de uno de esos pinos flacuchos cerca de la cabina de Jody.

Corro el riesgo de arruinarte la historia, pero al principio del libro, Jody encuentra un ciervito huérfano, y sus padres aceptan a regañadientes que lo críe. Las páginas de *El despertar* están repletas de serpientes cascabel, caimanes, osos y panteras, así como de personajes extraños típicos de un lugar remoto, pero mi favorito es el padre de Jody, Penny Baxter. Penny es un hombre esforzado y áspero que intenta hacer un hogar para su familia en el bosque rústico, pero por más duro que sea, le muestra una ternura a su pequeño que la madre de Jody, Ma Baxter, a menudo no le brinda. Cuando ella reprende a Jody por remolonear, el trato más amable de Penny amortigua el golpe, y le dice: «Deja que el niño sea niño un poco más».

Tal vez argumentes que ya te arruiné el final al decirte desde un principio que el ciervo se muere. En ese caso, me parece que saberlo le añade una dulce melancolía a la historia, porque sin ese final trágico que se cierne como una nube oscura sobre el horizonte, el relato podría parecer más como una de esas historias de mediados del siglo xx que divagan y no se dirigen a ninguna parte, y que me aburrían hasta el cansancio. Pero a medida que sigues el caminito por el bosque junto con Jody, sabiendo lo que él no sabe sobre el destino del ciervo, la ironía dramática sirve para resaltar la sensación de algo fatídico y le da a cada interacción hermosa entre el niño y el cervatillo una ternura fugaz que de lo contrario no tendría. El pobre Jody todavía no sabe lo difícil que puede ser la vida. En cierto sentido, sigue estando en Monticello, donde el martillo de la vida todavía no golpeó. Jody no se da cuenta de algo que nosotros sí sabemos: la serpiente ya está suelta en el jardín.

Tal vez te haya arruinado el final diciéndote que el ciervo se muere, pero lo importante es *cómo*. Si alguna vez anhelaste la inocencia de la juventud otra vez, si alguna vez deseaste poder recuperar algo del asombro por un molinillo, si alguna vez lloraste por las heridas que infligiste y por las que recibiste, entonces la marcha del acto final hacia la tormenta que se avecina es la mejor y peor clase de remedio.

La abuela de Aedan me dijo, después de regalarle el libro: «Cuando era pequeña, no me di cuenta de que el añojo en realidad no es el cervatillo. Es Jody». Y en ese sentido, el ciervo no es el único que muere, sino también la infancia de Jody. Después de que sucede lo peor, cuando el mundo del muchacho queda arruinado y él se da cuenta de que el dolor y la pena son el destino ineludible de la humanidad, regresa al arroyo donde, cientos de páginas antes, fabricó el pequeño molinillo y se dejó llevar por su magia. El molinillo original ya no está, así que vuelve a armar otro con hojas de palmeto, lo pone a girar... y no siente nada. Nada del asombro, nada del misterio. El molinillo gira y gira, en forma mecánica y sin ningún objetivo, con toda la futilidad de la maldición de Adán que llena los campos de los adultos de cardos y espinas. Jody rompe a patadas el molinillo. Ha dejado atrás el sueño de Monticello y se ha despertado en el Lake Butler que yo conocí en la década de 1980. La angustia es incontenible. El destino funesto es inminente.

Y después, llega el soliloquio final de su padre.

«Quería que la vida fuera fácil para ti. Más fácil de lo que fue para mí. El corazón del hombre duele, al ver que sus retoños se enfrentan al mundo. Al saber que les van a arrancar las entrañas como se las arrancaron a él. Quise evitártelo todo el tiempo que pude. Quería que retozaras con tu añojo. Sé cómo alivió tu soledad. Pero todo hombre se siente solo. ¿Y qué puede hacer? ¿Qué puede hacer cuando lo derriban? Bueno, puede resistir lo que le toca y seguir avanzando».[5]

---

5. Rawlings, *The Yearling*, 395.

Tenía cuarenta años cuando leí *El despertar*. Mi hijo mayor tenía doce, la edad en la cual me perdí en los bosques de Florida. He tratado de proteger a mis tres hijos, hasta donde he podido, del dolor que se asoma en el horizonte de sus vidas como una tormenta en ciernes. Pero no puedo evitarlo. Van a herir y a salir heridos. Ver cómo se deshilacha la inocencia de tus hijos puede recordarte la mortaja deshilachada de la tuya propia, y recuerdos enterrados hace mucho tiempo salen arrastrándose desde la tierra para demandar respuestas. *¿Qué me sucedió? ¿Por qué estos pecados son tan persistentes? ¿Por qué soy tan propenso a transitar estas sendas particulares hacia la destrucción? ¿Por qué* —pregunto junto con Penny Baxter— *me arrancaron las entrañas, y por qué no puedo evitar que lo mismo les suceda a mis seres queridos?* Este es el clamor de la humanidad que cala hasta los huesos, desde Job hasta Salomón hasta Marjorie Kinnan Rawlings, e incluso el mismo Jesús: *¿Por qué, Dios?* Todos sabemos que estamos tan rotos como el mundo, víctimas y villanos todos nosotros, sin esperanza más que Cristo para nuestra sanidad.

Pero incluso en Cristo, el dolor sigue, y cualquiera que te diga lo contrario está en negación. No quiere decir que un gozo profundo no vaya a invadirnos perpetuamente, porque al igual que la luna creciente, la plenitud misma del gozo está destinada a iluminar un día todo nuestro rostro. Como dijo C. S. Lewis, el dolor de ahora es parte del gozo de mañana. Pero si el dolor persiste, ¿para qué sirve el evangelio? Porque no nos entristecemos como los que no tienen esperanza. No puedo evitar que el mundo lastime a mis hijos, así como tampoco que mis hijos lastimen al mundo de una u otra manera, pero la esperanza pone el dolor en un contexto más amplio, le da un *telos*, le asegura al niño perdido en el bosque que no está solo. Solía desear que este niño encontrara su camino para salir del bosque; ahora, quiero que sepa que el bosque siempre estuvo encantado, y que se suponía que hiciera su hogar allí por un tiempo.

Leí la última página, cerré el libro, me doblé en dos llorando, con el anhelo de recuperar al pequeño que solía ser, y desconsolado porque no era posible. El armario estaba cerrado. Era un domingo por la tarde, y me encontraba en el porche delantero de The Warren. Aedan justo miró hacia fuera y vio que su papá estaba sollozando, y en una maravillosa inversión de papeles, me reconfortó con un abrazo. El niño le aseguró al hombre que, sin importar lo que estaba mal, todo estaría bien. En las semanas que siguieron, hice las paces con Florida. Sí, sigue siendo el estado más grande de la Unión por mucho (los memes no están equivocados), pero ya no podía negar que su maraña de árboles guarda cierto encanto, un misterio edénico propio que *El despertar* por fin me ayudó a ver. Rawlings escribió una tragedia sobre la muerte de la niñez, pero para mí, fue un cuento de hadas que de alguna manera resucitó la mía.

Escribí una canción llamada «La balada de Jody Baxter», una conversación imaginada entre yo y una versión adulta de Jody. La grabé en un álbum llamado *Light for the Lost Boy* [Luz para el niño perdido], un disco sobre la pérdida de la inocencia y el anhelo de una nueva creación. Hasta el día de hoy, es una de las letras que más me gusta cantar.

¿Recuerdas, Jody Baxter, cuando el guabairos canta,
cómo partiste por el herbazal hasta aquel arroyo escondido
y te acostaste junto al agua en un lecho de musgo español
y soñaste?

¿Cuando el viento estaba en la pradera y el fuego estaba
*   en el hornillo*
con la leña que tenías que llevar desde un rincón de la
*   arboleda*
pero tu papá te dejaba desaparecer con todo tu equipo de
*   pescar*
hacia la ensenada?

Era bueno, bueno, bueno
Y ahora quedó atrás, atrás, atrás
Y hay un pequeño perdido en el bosque
Siempre buscando al cervatillo

Yo recuerdo, Jody Baxter, cuando me escondí en el maizal
Cómo se movían las nubes más rápido con la tormenta
*   que se avecinaba*
Y supe que había roto algo que no podía reparar
Y me lamenté

Porque el campo era verde como el Edén, pero se marchitó
*   y se puso marrón*
En medio de mi dolor, bueno, vinieron y lo cortaron
Y yo estaba seguro de que era mi culpa
El día en que cortaron el jardín hasta los cimientos

Y lo que era bueno, bueno, bueno
Quedó atrás, atrás, atrás
Y hay un pequeño perdido en el bosque
Siempre buscando al cervatillo

Así que regresa a mí
Por favor, regresa a mí
¿Hay alguna manera de cambiar el final
de esta tragedia?
¿O tiene que ser
de esta manera?

Puedo verte, Jody Baxter, ahora estás roto por los años
Mientras te recuestas entre los ásteres, escuchas a la espera
del ciervo
Y yo estoy a un millón de kilómetros de distancia, pero sigo
orando para que el ciervo
me encuentre
aquí

Porque era bueno, bueno, bueno
Pero quedó atrás
Y soy un pequeño perdido en el bosque
Siempre buscando al cervatillo

Más adelante ese año, nuestra familia bajó de la autopista interestatal 75 en la salida de Micanopy, bajamos la velocidad y pasamos por el pueblito durmiente de Marjorie Rawlings, guardado en el tiempo entre las inmensas ramas de los robles vivos. El musgo español se bamboleaba en la brisa. Secciones de la acera sombreada se habían ido levantando en desorden debido al empuje de las raíces de los robles, y parecían tumbas abiertas. Avanzamos por el pueblo hasta Cross Creek y la casa de Marjorie, donde ella se había sentado en su porche cerrado para escribir la historia que transformó mi dolor en anhelo. La casa de los Rawlings ahora es un parque estatal y un monumento histórico nacional, y se parece un poco al lugar donde viven mis padres en Shiloh, con toda clase de árboles en flor y fruto al alcance de la mano, zonas de arena entremezcladas con hierba, gallinas picoteando en las arboledas.

Hicimos la visita guiada, y con timidez, le di al guía turístico mi CD, en caso de que alguien quisiera escuchar la canción que el libro había inspirado. Dudo que alguien lo haya hecho, y aquí tienes el porqué. En la entrada, había un exhibidor con cada edición de *El descanso* de todo el mundo. Cada tapa mostraba una imagen de un niño abrazando a un cervatillo, y los títulos aparecían en inglés, alemán, noruego, japonés, coreano, italiano, y muchos idiomas más. Resultó ser que esta historia con la que me había identificado tan de cerca era universal. Si alguna vez quieres recordar que todos los seres humanos estamos heridos y anhelamos sanidad, visita la casa de los Rawlings. Mira todas esas tapas de libros y te resultará un poco más fácil creer que hubo un jardín, luego un exilio... pero no te detengas ahí, porque la presencia de la pregunta es parte de la respuesta. Para citar al viejo Jack Lewis otra vez, si encontramos en nosotros un deseo que nada

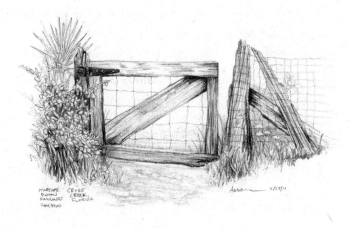

en este mundo puede satisfacer, tal vez se deba a que fuimos hechos para otro mundo.

Cerca de la entrada al lugar donde vivía Rawlings hay un cartel con las palabras de Marjorie, que nos llaman a profundizar en el misterio de los árboles:

> *Es necesario dejar la carretera impersonal, entrar por la puerta oxidada y cerrarla detrás. Al hacerlo, se lleva a cabo un acto de fe, a través del cual uno acepta ciegamente la copa de comunión de la belleza. Ahora estamos adentro del bosque, afuera de un mundo y en el corazón misterioso de otro. La fascinación está en distintas cosas para cada uno de nosotros. Para mí, está en lo siguiente: salir de la luz brillante del sol a la sombra de los naranjos; caminar bajo el dosel arqueado de sus hojas verde jade; ver las largas filas de troncos con líquenes alargarse hacia*

delante en un ritmo geométrico; sentir el misterio de un aislamiento que todavía tiene rayos de luz que lo atraviesan. Esta es la esencia de una magia antigua y secreta. [...] Y después de largos años de estar sin techo espiritual, de nostalgia, aquí está esa belleza mística de la infancia una vez más. Aquí está el hogar. Un viejo hilo, hace mucho enredado, se vuelve a desenredar.[6]

---

6. La inscripción es del libro *Cross Creek* de Rawlings (1942; reimpr., Nueva York: Scribner, 1996), 15-16.

VIII

SEREMOS GUIADOS EN PAZ

¡Y ustedes, praderas, colinas, arboledas y fuentes,
No presagiaron que nuestros amores
se cortarían permanentes!
Sin embargo, en el fondo siento su poder;
Tan solo he resignado un placer
Vivir debajo de su oscilación habitual.
Me deleito en los arroyos con su inquietud natural,
Aún más que cuando andaba
con su misma ligera autonomía;
El resplandor inocente de un prístino nuevo día
Sigue siendo encantador.

—William Wordsworth

Tal vez sea una exageración afirmar que un jardín me salvó la vida, pero al menos un jardín logró que volviera a vivir. Si has estado prestando atención, debería resultarte evidente que soy un hombre sensible. La mayor parte del tiempo, es algo bueno; en especial, si eres compositor. La práctica de la escritura te lleva a ir de la cabeza al corazón, y después de vuelta a la cabeza. Cuando sientes algo profundo e indescifrable, es como si las aguas de un lago subterráneo se hubieran perturbado. La composición de canciones se parece a colocarse el equipo de buceo y sumergirse para encontrar la fuente del problema. Pero justamente, la idea es arrastrarla hasta la superficie para poder mirarla, hacer una prueba forense y después publicar un artículo. «Esto es lo que descubrí, damas y caballeros. Tal vez los ayude la próxima vez que se zambullan en aguas profundas». No todas las canciones son así, pero, sin duda, las autobiográficas sí.

Cuando mis hijos estaban llegando a la adolescencia, cierto dragón durmiente en el lago despertó y empezó a sacudirse, haciendo que viejos huesos subieran a la superficie. Así que hice lo único que sabía cómo hacer. Escribí al respecto. Esas canciones terminaron en *Light for the Lost Boy*, que fue el disco con la canción sobre Jody Baxter. Todo el disco, en cierta medida, se trataba de la pérdida de la inocencia; de las aguas profundas y subterráneas, especialmente cuando llegas a los cuarenta. Como si el proceso de escritura y grabación no hubiera sido lo suficientemente angustiante, después me fui de gira para contar las historias durante varios meses. Todas las noches el espectáculo empezaba con un video de varias personas mayores que describían el Edén de su infancia, y después hablaban de los momentos en los que se dieron cuenta de que el mundo estaba roto y ellos estaban exiliados. Para algunos, fue cuando su padre abandonó a su madre, y para otros, fue un abuso sexual; para algunos, fue la profanación de algún bello paisaje. Después del video, entonaba una canción llamada «Vuelve pronto», que empieza diciendo:

Recuerdo el día de la inundación en Tennessee
El sonido de los gritos y la sangre por todas partes
Mi hijo vio cómo moría el animal
En las fauces del perro mientras el río corría
Dije: «Vuelve pronto».

Está allí, en la página del libro que leí
El niño creció y el añojo murió
Estaba junto a la puerta con el ángel de guardia
Y lloraba por la muerte de su corazón de pequeño
Dije: «Vuelve pronto».

A partir de ahí, todo iba cuesta abajo. Cantaba sobre Jody Baxter y el añojo. Cantaba sobre mi hijo que había cumplido trece años en un mundo que sabía que lo lastimaría. Había canciones sobre la inevitabilidad de la muerte, las preguntas imposibles de responder de mi hija, y los campos de maíz de Illinois que iban desapareciendo. Cantaba sobre estas cosas cada noche. Sin darme cuenta, estaba al borde de un colapso. Después de años y años de giras muy duras, estaba agotado. Mi terapeuta me preguntó si alguna vez me había tomado un descanso, y me reí. Los cantautores independientes no se toman descansos, le dije. Además del agotamiento, había una extraña convergencia de hitos y cambios importantes. Cumplí cuarenta años; Jamie y yo celebramos nuestro vigésimo aniversario de bodas; terminé mi contrato con la disquera y tuve que decidir si renovarlo o no; la saga de Wingfeather, que me llevó una década escribir, estaba completa. Había más cosas, pero ya me entiendes. Y en medio de todo eso, estaba cantando todas las noches sobre la pérdida de la infancia y el anhelo por la resurrección. Era la tormenta perfecta para la crisis de los cuarenta.

Algunos se compran un auto deportivo. Yo entré en una depresión que duró un par de años. Había tantos hitos amontonados en un espacio de tiempo tan breve que no es de extrañar que haya experimentado un latigazo emocional. Pero sin el beneficio de la perspectiva del tiempo, no tenía idea de lo que me estaba sucediendo. No había solo un leviatán exasperado en el lago oscuro; había toda una camada. Lo único que sabía es que no podía parar de llorar, y todos mis hijos sabían que algo andaba mal con papá.

Todo llegó a un punto crítico en una iglesia de Carolina del Norte, en la gira de *Behold the Lamb of God* [Contemplen al Cordero de Dios]. Esta gira ha sido complicada con el correr de los años. Por un lado, es indudablemente una de las grandes bendiciones sorpresa de mi vida. Hasta el día de hoy, nunca escuché sobre una gira igual: una sobre la historia de la Biblia, contada durante la época de Navidad, con una banda de viejos amigos que se reúnen cada invierno durante veinte años seguidos. Por supuesto, no puedo quejarme. Me llevó varios años darme cuenta de que, cada vez que llevábamos estas canciones de gira, experimentábamos alguna clase de ataque espiritual. Quizás sea porque soy el encargado de la gira o porque soy hipersensible, cada vez que se acercaba diciembre sentía un pavor en aumento mezclado con gozo y gratitud.

Por alguna razón, estar rodeado de todos estos amigos maravillosos y con gran talento exacerbaba heridas profundas y enconadas, así que, cada noche, después del concierto de dos horas y de una hora de socializar con la gente, me subía al autobús con una hueste de voces espantosas que clamaban en mi cabeza. Todos parecían estar bien menos yo, así que me ponía la careta del Andrew feliz y reprimía cualquier emoción dolorosa. A decir verdad, esto funciona… un tiempo. En algún momento en todas las giras, terminaba en mi litera, en alguna escalera detrás de escena o salía a caminar atrás de la iglesia después del espectáculo, hirviendo de aversión por mí mismo y a menudo, llorando. Una vez más, no tenía idea de qué andaba mal. Tan solo sabía que me sentía mal, y que algo en la gira me producía dolor... un dolor que, de alguna manera, se veía exacerbado por el gozo y el entusiasmo de todos los demás.

Esa tarde en Carolina del Norte fue difícil. Había llamado a Jamie para pedirle oración mientras caminaba por los pasillos vacíos del enorme edificio de la iglesia mientras me dirigía al escenario para la prueba de sonido. Podía escuchar el eco de la banda en el escenario, todos bromeando y esperando a que yo llegara. Cada paso que daba era más difícil que el anterior. Cuando giré para caminar por el pasillo que se dirigía al escenario, con la cabeza aturdida de voces acusadoras, divisé la puerta abierta del armario de un portero. Sin pensarlo, me metí adentro y me quedé parado en la oscuridad, detrás de la puerta abierta. Tenía la cabeza inclinada. Recuerdo haber orado: «Dios, por favor. Por favor, envía algo de luz. Todo parece tan oscuro, y necesito algo de luz».

Apenas terminé de orar, alguien de la iglesia justo pasaba por ahí y cerró la puerta. Sentí como si Dios me estuviera haciendo una broma cruel. Me desplomé sobre el suelo y empecé a sollozar. Al otro lado de la puerta, la banda hizo la prueba de sonido sin mí, y el sonido de la música y las risas tan solo amplificó mi soledad. No podía parar de llorar. Sentía como si...

me estuvieran abriendo el corazón por el medio
sea quien fuera que me estaba despedazando el corazón

no quería dejarme en paz
me seguía escarbando las heridas
lo peor de todo, tenía la sensación de que,
aunque las voces en mi cabeza
provenían del fondo del infierno,
las heridas en sí
vinieran del Rey del cielo
Era como si le estuviera rogando a Dios
que me levantara del lodo
y viera que Su mano se acercaba
tan solo para empujarme más profundo.

Fue uno de los momentos más desoladores y tristes de mi vida. Estaba en una tumba, y Dios no quería quitar la piedra. Después de unas tres horas de estar ahí tirado con la mejilla sobre el suelo, miré mi teléfono y vi que tenía quince llamadas perdidas de Jamie y de amigos de la banda. Llamé a Jamie. Mi voz era un graznido sin sustancia, y tanto a mí como a ella nos asustó un poco escucharla.

Le dije dónde estaba, ella transmitió la noticia, y dos amigos preocupados vinieron al armario a orar por mí y ayudarme a levantarme. Ahí fue cuando vi el charco literal de lágrimas en el suelo, de unos veinte centímetros (ocho pulgadas) de diámetro, junto a la impresión de mi rostro, y me di cuenta de que tenía muchísima sed. El espectáculo empezaba en cinco minutos, así que apenas a la salida de la puerta había una multitud de personas que se dirigían a la iglesia a encontrar su asiento. Los muchachos me dijeron que mantuviera la cabeza baja porque parecía que había estado en una pelea, y me condujeron hasta el autobús para ponerme presentable. Me sentía estúpido, horrible y avergonzado. Me cambié de ropa, me lavé la cara y seguí adelante con el espectáculo sin problemas. Esa fue la parte más aterradora de todas: que pudiera reprimir semejante caos interior en cuestión de minutos y dar un espectáculo sin que la audiencia se enterara de que algo andaba mal.

Después, vino la espantosa vergüenza de vivir durante las próximas dos semanas en el confinamiento de un autobús lleno de amigos preocupados. Ni yo sabía qué estaba sucediendo, así que me resultaba imposible explicárselos a ellos. Reflejado en sus ojos llenos de amor veía a un fenómeno que no podía resolver sus problemas. Esto disparó un recuerdo doloroso de un año en un campamento de la iglesia mientras estaba en el tercer año de la escuela secundaria, cuando me enfermé y tuve un sueño febril en la tienda con dos de mis amigos. Vaya uno a saber por qué, me desperté gritando y sacudiéndome, y los golpeé varias veces. El decano, preocupado, entró a la tienda con su linterna encendida, y recuerdo que miré hacia la luz y exclamé: «Lo lamento» una y otra vez, como si él fuera Dios y yo estuviera enfrentándome al juicio final. (Esto sucedió en un lugar de campamento cubierto, por supuesto, de árboles). A la mañana siguiente, todos me miraban con sospecha y me di cuenta de que otra vez era un marginado, tal como cuando mi hermano y yo nos escapamos. Así que me armé de valor y seguí adelante con la gira con eso como el principal pensamiento en mi cabeza, cantando cada noche sobre algo que creía de todo corazón: que Jesús era Dios. Sin embargo, tenía demasiado miedo como para mirarlo, porque lo peor de todo sería ver al fenómeno en el reflejo de Sus ojos.

En algún momento después de la gira, estos mismos amigos que me ayudaron a salir de la cueva sacaron un turno con un consejero cristiano local, y uno de ellos incluso me llevó hasta ahí para asegurarse de que asistiera. Si te identificas con algo de esto y nunca consideraste hablar con un santo capacitado en orientación psicológica, considera esto un anuncio de servicio público. Me hizo muchísimo bien, y desde el primer encuentro, él empezó a desmantelar argumentos que yo había construido para encontrarle sentido a mi dolor. Soy un narrador profesional, así que las historias que me había estado contando eran elaboradas y herméticas. Podía defenderlas todo el día. Recién cuando me senté con un consejero, descubrí lo falsas que eran. Como escribí en mi último libro, una de las primeras cosas que me dijo fue: «Nunca conocí a nadie que pudiera interpretar correctamente su propia infancia».

Cuanto más le contaba, más me daba cuenta de que yo no era un fenómeno, no estaba loco, y gran parte de la vergüenza que sentía sencillamente no estaba justificada. Era un pecador, sí, pero me había echado la culpa de cuestiones que en realidad no eran mi culpa. El evangelio se abrió paso en medio de todo esto, porque además de que todos estamos caídos (esa parte me resulta fácil de entender), también somos amados a la perfección. Y esa es la parte que me cuesta creer en el día a día. Estar rodeado de todos esos amigos a los que tanto admiraba tan solo acentuaba la sensación de que era un farsante, y lo creía con todo mi corazón, a pesar de sus palabras amables, a pesar de su compañía misericordiosa, a pesar de que cada noche cantaba con toda mi fuerza sobre las obras poderosas del Señor. «Jesús es Dios, y Él te ama». Esa ha sido la disertación de cada concierto en el que toqué. Lo creo completamente. Sin embargo, es más fácil arrojarle esa verdad gloriosa a la multitud que permitir que penetre en lo profundo de mis aguas tenebrosas, donde se retuercen los dragones.

Resultó ser que a principios de ese año, tenía que empezar a grabar un nuevo disco. Teníamos el estudio de grabación reservado, pero sinceramente, no podía imaginar cómo lo haría. Después de *Light for the Lost Boy*, después de todo el dolor por los cambios en la vida, después de la oscuridad en el armario del portero, parecía ridículo entrar al estudio a escribir un montón de canciones. Bromeé con mi productor, Gabe, diciendo que seguramente sería el disco más deprimente de mi carrera (lo que es decir mucho).

Al mirar atrás, fue por misericordia de Dios que los dos meses que separamos para hacer *The Burning Edge of Dawn* [El borde abrasador del amanecer] fueron marzo y abril. Entré a ese disco bajo la pesada y oscura monotonía del final del invierno en Nashville. Cuando miraba por la ventana en casa, lo único que veía era lluvia, lluvia y más lluvia. Cuando miraba adentro al clima de mi alma, lo único que veía era lluvia, lluvia y más lluvia. No solo eso, sino que el estudio de Gabe en Music Row estaba en un sótano sin ventanas, lo que significaba que, cuando no estaba mirando afuera a la lluvia, me encontraba en otra cueva.

¿Quién conoce la mente de Dios? ¿Acaso habrá conspirado con el tiempo y con la inclinación ponderosa de la tierra hacia la luz del sol de primavera para que cada día, este hijo frágil y amado pudiera ver cómo se abrían tímidamente los pimpollos de los cerezos y los narcisos camino al estudio? ¿Acaso sabía que la herida en mi interior se sanaría lo suficiente como para empezar a esperar que el dolor menguara? ¿Sabía quizás que yo necesitaba la cueva para escribir sobre la luz que había afuera?

Una tarde en The Warren, durante un breve receso en la lluvia casi permanente, saqué mi guitarra a una hamaca en el porche, que cuelga de la rama baja de un almez. Estaba bien abrigado con un saco, una bufanda y guantes sin dedos. La guitarra estaba afinada en DADGAD, y me quedé tocando un patrón de 6/8 durante unos minutos. Me surgieron estas palabras:

Intenté ser valiente, pero me escondí en la oscuridad
Y me quedé sentado en aquella cueva, orando por una
*   chispa*
Que iluminara todo el dolor que seguía habiendo en mi
*   corazón*
Y la lluvia seguía cayendo

Sobre el techo de la iglesia donde lloré
Podía escuchar toda la risa y el amor, e intenté
Levantarme y salir, pero parte de mí murió
Y la lluvia seguía cayendo

Me aterra si me abro y me conocen
Que me vean y me desprecien y me dejen solo
Así que estoy atascado en esta tumba, y no quieres mover
    la piedra
Y la lluvia sigue cayendo

En alguna parte, el sol es una luz en el cielo
Pero estoy muriendo en Carolina del Norte
Y no puedo creer que esta temporada de tinieblas tenga
    un fin
Y la lluvia sigue cayendo

Hay una mujer en casa, y ora pidiendo luz
Mis hijos están ahí y me aman
A pesar de la sombra que sé que pueden ver en mis ojos
Y la lluvia seguía cayendo

Estoy tan cansado de este juego, de estas canciones, de
    este camino
Ya me avergüenza la línea que acabo de escribir
Pero es cierto, y siento que no puedo cantar ni una nota
Y la lluvia sigue cayendo.

Hasta ahí pude escribir. Tenía los dedos entumecidos por el frío, empezó a llover otra vez, y me sentí algo avergonzado al pensar en compartir sentimientos tan crudos con personas que no conocía.

Lo que sucedió después está un poco borroso. No recuerdo qué pasó primero: La poesía de Lucy Shaw o el día en que salí a nuestro enlodado jardín a plantar semillas para la primavera. Sin embargo, poco después de que empecé la canción y me di por vencido, Skye y yo salimos al patio con un paquetito de semillas y una pala. Nos arrodillamos en el lodo y le expliqué lo que estábamos haciendo. Al igual que el Sr. Papá de Joey, levanté la pala con la mano y la clavé en la tierra. Lo hice una y otra vez. Cavé un surco en el suelo, de unos treinta centímetros (un pie) de largo, y después dejé de lado la pala y partí la tierra con los dedos.

THE WARREN IN WINTER
12/27/20

«¿Y ahora, qué hacemos, papá?», preguntó Skye.

«Ahora —respondí con una sonrisa—, plantamos la semilla». Con cautela, saqué la semillita del paquete, la presioné sobre la tierra y la cubrí. Fue como un funeral. Fue como aquel día en el armario del portero, cuando le pedí ayuda a Dios y, en vez de levantarme, me empujó más hondo. «Así es como crece la semilla». Y la lluvia cayó, y siguió cayendo.

El breve y perfecto poema de Luci Shaw, llamado «Forecast» [Pronóstico], dice así:

Plantar semillas
Inevitablemente
Cambia mis sentimientos
Sobre la lluvia

Esas nueve palabritas contienen mucha verdad y belleza. Más o menos como las semillas. Gracias a Luci, supe cómo terminar la canción.

Mi hija y yo pusimos las semillas en la tierra
Y ahora, todos los días observamos la tierra
Para ver alguna señal de que esta muerte dará lugar a
   un nacimiento
Y la lluvia sigue cayendo

En el suelo donde yacen las penas
Y el secreto de la vida enciende la tumba
Y me muero por vivir, pero estoy aprendiendo a esperar
Y la lluvia sigue cayendo.

¿Puedes creer que Él te ama? ¿Podría ser que, cuando estás en lo profundo de la cueva oscura, no es porque no te ama, sino porque sí lo hace? Yo no estaba enojado con la tierra cuando la lastimé. Tampoco estaba matando la semilla cuando la enterré. Le estaba dando la oportunidad de volver a nacer.

———

Poco después, mi amiga Julie le dio a nuestra familia el regalo de un plan para el jardín a treinta años. Ella sabía que me encantan los jardines ingleses, así que diseñó un plano para que siguiera hasta que sea anciano. Ha llevado años: horas y horas de trabajo, de marcar los senderos y llenarlos de arena antes de cubrirlos con gravilla, de construir las paredes de roca para cerrar el jardín delantero, construir el arco y desmalezar el condenado césped de Bermuda (que a veces creo que estaré desmalezando durante los próximos treinta años). Gracias al COVID, estuve en casa esta primavera para trabajar y mantener el jardín todos los días, y me enorgullece informar que no está nada mal. Planté peonías, alceas, Stipa tenuissima, alquémila, salvia rusa, fuentes de nepetas, tulipanes, margaritas de Shasta, geranios robustos, clematis, echinaceas, zinnias, narcisos, crocus, milenrama, savias y orejas de conejo. Ahora que las perennes ya tienen varios años, han llenado los huecos, de manera que, a principios de verano, cuando camino por el jardín de Chapter House, voy en medio de un coro de abejas obreras y pinzones gorjeantes. A fines de verano, llegan los colibrís de garganta roja y un aluvión de mariposas: nacaradas del golfo, monarcas, vulcanas, mariposas cometa, mariposas tigre, mariposas de Buckeye y mariposas del emperador.

En un sentido literal, Dios transformó mi dolor en un jardín. El papá de Joey me dijo que los pensamientos debajo del roble viejo representaban los actos de amor de su hija, y para mí, cada retoño que brotaba era su propia bondad, su propia obediencia al mandato de Cristo de salir de la tumba.

No soy un jardinero experto, para nada, pero ahora me cuesta imaginar la vida sin la jardinería. A principios de primavera, casi puedo escuchar al jardín llamarme a salir para arrancar las malezas o podar las flores marchitas, y admirar algún pimpollo nuevo que se abrió en una gloria silenciosa. Después de estar adentro durante horas trabajando en una historia o una canción, el sol en mi rostro y la cercanía a cosas que crecen me rejuvenece como nada más.

Una cucharadita de tierra de jardín contiene cientos de millones de microbios, lo que significa que los jardineros suelen tener una variedad más amplia de bacteria buena. Una de estas especies se llama *mycobacterium vaccae*, y cuando se mete debajo de las uñas, libera serotonina a tu sistema. La serotonina es un antidepresivo natural, que también fortalece el sistema inmunológico.[7] Según Sue Stuart-Smith, en su libro *La mente bien ajardinada*, nuestros cuerpos experimentan sanidad meramente al estar *cerca* del color verde, y «los efectos restauradores de la naturaleza sobre el sistema cardiovascular

---

7. Sue Stuart-Smith, *The Well-Gardened Mind: Rediscovering Nature in the Modern World* (Nueva York: Scribner, 2020), 79.

son demostrables en el cuerpo a los pocos minutos».[8] Es una locura, pero es casi como si Dios supiera lo que estaba haciendo cuando puso a los humanos como jardineros en primer lugar.

La jardinería es, en esencia, un acto de esperanza. Cuando coloco bulbos de campanillas en el bosque Warren en otoño, también estoy plantando la esperanza de que yo esté en la primavera para observar cómo las espiguillas verdes se extienden desde la tierra marrón junto al arroyo. Todas las mañanas, en primavera me abrigo y salgo en lo que mi vecino llama «una búsqueda de belleza». No vuelvo hasta que haya encontrado al menos una señal de nueva vida. Y siempre, siempre está ahí.

Y ahora, ¿qué pasa cuando el cielo está gris y sombrío y la lluvia no para de caer? Me regocijo. Verás, he plantado semillas, y mis sentimientos respecto a la lluvia han cambiado. Algo bueno se acerca.

Cada primavera, es inevitable.

---

8. Stuart-Smith, *The Well-Gardened Mind*, 74.

IX

SENDAS

Entonces, ¡canten, aves, canten con sentimiento!
Y que brinquen los jóvenes corderos
Al dulce son del tamborileo,
Nos uniremos a ustedes en pensamiento
A ustedes que tocan el caramillo,
y que alegre juego exhiben,
A ustedes que, a través del corazón hoy perciben
¡el deleite de mayo!

—William Wordsworth

En el deleite de mayo de 2020, gracias al embotellamiento de tránsito y a la aplicación de Waze en mi teléfono, descubrí mi camino favorito del condado camino a casa desde Chipotle. Para ayudar a evitar la congestión, a veces la aplicación te lleva a casa de maneras sorprendentes, así que después de más de dos décadas en Nashville, descubrí un camino secundario hacia The Warren por la calle Old Smyrna. Como el camino es viejo, también es angosto. Como es angosto, hay badenes cada cuarenta y cinco metros (cincuenta yardas). Debido a los badenes, hay que conducir lo suficientemente despacio como para disfrutar de los muros de piedra, los árboles antiguos, los marcadores históricos, las vistas de fincas casi tan antiguas como la Guerra Revolucionaria. En el libro de 1970 de Hugh Walker, *Tennessee Tales*

[Cuentos de Tennessee], me encontré con esta entrada sobre la vieja calle Smyrna:

> *En un valle angosto sobre [la] granja, solía haber un bosque de hayas, a través del cual, se cree que pasaba un sendero de búfalos... y a pocos kilómetros, se encontraba el lugar de un antiguo pueblo indígena. [...] Todavía hay una haya gigante allí... y un guardabosques estatal dijo que podría tener más de cuatrocientos años. La haya tuvo muchos nombres y fechas. [...] Pero un nombre, cerca del suelo, era tan antiguo y entrado en años que no se podía leer. Parecía ser un nombre francés, con el prefijo «la» o «de». Pero la fecha, en números tradicionales, se podía ver claramente: 1563.*[9]

Fue emocionante descubrir el camino y la entrada en ese libro en un lapso de pocas semanas. Si había hayas tan antiguas en Brentwood, tal vez Cane Ridge también tenía algún que otro Bárbol en lo profundo del bosque. El Club Comunitario de Cane Ridge, una encantadora asamblea de lugareños viejos y jóvenes, se encuentra una vez al mes en lo que solía ser una escuela de una habitación en la calle Cane Ridge. Ya perdimos el hábito, pero apenas nos mudamos aquí, íbamos todos los meses, en parte por un deseo de conectarnos con la comunidad, y en parte porque en la reunión había una comida a la canasta que sabía a mi infancia en Lake Butler (el 99 % de los huevos rellenos que he comido fueron en cenas a la canasta).

---

9. Hugh Walker, *Tennessee Tales* (Nashville, TN: Aurora Publishers, 1970).

Había conocido a la presidente, Twana, unos años atrás, porque ella y una investigadora local estaban examinando todos los cementerios familiares de la zona para preservar la historia y evitar que los constructores aplanaran alguno en un descuido. En el bosque, hay un cementerio familiar del siglo XIX, a apenas una caminata corta desde The Warren, cubierto de hojas y fácil de pasar por alto, así que, un día, ella estacionó el camión en nuestra entrada de gravilla para preguntar al respecto.

Después de leer sobre la vieja haya con la fecha de 1563, supuse que ella era la persona ideal para preguntarle sobre los árboles, y no me equivoqué. Respondió a mi correo electrónico, diciendo: «Sí, encontré unos inmensos mientras buscaba cementerios. Me encantaría mostrártelos». Unas semanas más tarde, Twana reunió a algunos otros amantes de los árboles de la comunidad y nos dirigimos ahí.

El primero al que nos llevó era un roble blanco gloriosamente nudoso con una circunferencia de cinco metros (diecisiete pies) de circunferencia, que se elevaba imponente en el bosque cerca de la autopista interestatal. Había pasado a toda velocidad junto a él en la autopista miles de veces sin saberlo. Seguimos caminando un poco y encontramos un cementerio de principios del siglo XIX, con narcisos que brotaban desde el mantillo alrededor de las tumbas. Condujimos a otro roble gigante (este tenía una circunferencia de casi seis metros) que estaba a centímetros del borde de otro desarrollo, y apenas si había escapado de que lo cortaran con todo lo demás. La única razón por la que ella sabía que estos árboles existían era porque había caminado con sus propios pies por el bosque.

Lo cual me lleva a las sendas.

Si pasamos más de treinta minutos juntos, lo más probable es que me escuches hablar sobre las sendas. Ojalá pudieras ver a mi familia inclinar la cabeza con cansancio cuando surge el tema, preparándose para treinta minutos de elogios nostálgicos sobre las virtudes de las sendas inglesas. Cuando digo «sendas», no me refiero a aceras, vías verdes o caminos de montaña como tenemos aquí. Me refiero a meras sendas públicas que te conducen fuera de la autopista impersonal hacia los lugares intermedios de árboles gordos y viejos, y ruinas antiguas y arroyos burbujeantes, sendas que cruzan campos de propiedad privada donde pastan ovejas y vacas, sendas que te llevan de un pueblo al otro sin el peligro de caminar junto al borde lleno de malezas de una carretera ajetreada. No tenía idea de lo maravillosa que podía ser una de estas sendas hasta mi primera visita a la campiña inglesa.

THE DARK HEDGES
NORTHERN IRELAND

ANDREW
12-26-20

Estoy seguro de que, una vez que prueban el campo inglés, muchos norteamericanos vuelven a su hogar con la impresión de que la tierra es mucho más linda ahí.[10] Pensamos que así son las cosas. Ellos ganan. Las colinas ondulantes, los ríos tranquilos, la exuberancia de los bosques, las praderas idílicas, los jardines formales... pareciera que la belleza es más intensa comparada a lo que tenemos en Estados Unidos. En cierta medida, es verdad. El clima más suave y lluvioso de Inglaterra le da una ventaja hortícola. Además de la humedad general del lugar, hay una rica historia de jardinería. El jardín de flores del siglo XVIII solía ser una cuestión formal que solo una élite podía costear, pero el amor por cultivar más que vegetales empezó a extenderse a las clases más bajas gracias a una mayor disponibilidad (y asequibilidad) de las semillas importadas de casi todos los continentes.[11] Este furor pronto transformó a Gran

---

10. A decir verdad, no es que Inglaterra no tenga basura o tierra mal usada, o lugares no tan pintorescos. Ahí también hay alambre de púa y desechos industriales, y muchas de las sendas y aldeas hermosas que describí están en lugares donde la clase alta tiene mucho más fácil acceso... además, no todos en Inglaterra tienen el tiempo, el dinero o el espacio para un frondoso jardín de cabaña inglesa. Estoy seguro de que algunos dirán que estoy viendo todo color de rosa. Y yo respondería: «Ténganme paciencia. Soy un romántico».

11. En el siglo XVIII, un norteamericano llamado John Bartram le envió por barco plantas y semillas desde el Nuevo Mundo a un londinense llamado Peter Collinson. Un sueco llamado Charles Linnaeus entró en el asunto, y de repente, Gran Bretaña se transformó en la meca de la jardinería. Si quieres saber más sobre esta historia, te recomiendo el libro de Andrea Wulf, *The Brother Gardeners: A Generation of Gentlemen Naturalists and the Birth of an Obsession* [Los hermanos jardineros: una generación de caballeros naturalistas y el nacimiento de una obsesión].

Bretaña en la capital jardinera del mundo, y posiblemente lo sigue siendo.

Suelo ser algo tímido cuando hablo de mi amor por la jardinería, pero allí se podría decir que muchos británicos se toman la jardinería (ya sean jardines de cabaña, jardines formales o jardines de vegetales) mucho más en serio que los estadounidenses. No le dicen patio, sino «jardín delantero» y «jardín trasero». También tienen lotes, o como nosotros les llamamos, «jardines comunitarios», para personas que no tienen tierra, una tradición que tiene cientos de años. La idea de que toda casa debería tener un cuadrado de hierba prístina, poco imaginativa y recién cortada en el frente es mayormente algo de los norteamericanos. Allí, los espacios de césped no son como los nuestros, sino que están cercados y ajardinados, con caminos ondulados bordeados de flores hasta la puerta de entrada, donde suele haber un arreglo de plantas en macetas. Las ventanas están adornadas con jardineras, y las paredes y los aleros están cubiertos por rosas trepadoras. Es cierto, no es inusual ver algunos lindos arreglos en las entradas de las casas en barrios residenciales de Estados Unidos, pero siempre quedan eclipsados por ese espacio verde tamaño estampilla de lugar sin usar, en el que gastamos incalculables cantidades de gasolina y sudor para mantenerlo y lo llamamos «el césped». ¿Para qué sirve? Nadie juega al cróquet ahí.

Tal vez parezca que me estoy quejando de Estados Unidos, pero te aseguro que no. (En realidad, no). Porque, cuando volví de Inglaterra la segunda vez y pasó la emoción del principio, empecé a notar algo maravilloso: lo que tenemos en

Tennessee es *igual* de hermoso que algunas de las cosas que vi en Gran Bretaña y en Irlanda; igual de verde, igual de repleto de vida salvaje (si no más) y animales domésticos, colinas igual de contorneadas. Lo recordé una vez más cuando Twana me llevó por aquella tierra ondulada para encontrar los árboles ese día. El camino que rodea el campo hacia The Warren y el grupo de desarrollos de casas cercano conforman una de las mejores partes de vivir ahí: en un momento, apenas si avanzas en un camino ajetreado de cuatro carriles, y al siguiente, estás en un anuncio de automóviles, abriéndote paso por un túnel de árboles donde se mete el sol por los rincones, bajo la cubierta de robles palustres y almeces por un camino que serpentea con gracia.

Vamos por ese camino tan a menudo que nuestros hijos les pusieron nombres a los puntos destacados; bueno, Asher lo hizo, porque es el más discretamente gracioso. En la cima de una colina que se eleva sobre el camino hay un cerco con alambre de púas, detrás del cual suelen pastar varias vacas. Aedan muchas veces miraba con añoranza por la ventanilla y decía: «Me encanta esa colina», así que Asher le puso «la Cresta de Dan». Ahora, los muchachos ya son adultos, pero si estamos en el auto juntos cuando pasamos por ahí, Asher suele murmurar con su voz ahora más profunda: «Ahí está la Cresta de Dan». Después de la Cresta de Dan, el camino desciende a un vallecito pintoresco donde descansa un rebaño de vacas angus negras. Hay un estanque lodoso para el rebaño, donde se pueden ver grandes garzas paradas como una estatua. Más allá del estanque, y por el borde de la colina que rodea el lugar, el ganado pasta en un cuenco amplio de hierba color verde brillante. Asher nombró a esa parte del camino «el Valle de Mordu».

Un día, me di cuenta de que el Valle de Mordu era tan hermoso como los lugares más bellos de Inglaterra que me encantan, pero por alguna razón, no sentía mariposas en el estómago como me pasaba allí. No era solo la familiaridad. Algo era diferente, pero me llevó un tiempo descubrir qué. Si era igual de bonito, ¿por qué el campo de Tennessee no recibía los mismos elogios y valor que el inglés? Clase, ¿pueden detectar la diferencia? ¿Alguno? Bueno, está bien. Les daré la respuesta.

SENDAS.[12]

Sin sendas públicas, no hay manera de que camine por esas pasturas sin entrar ilegalmente en propiedad privada. Más allá de una conversación torpe con el dueño del lugar, nunca sabré qué hay más allá de la Cresta de Dan, o cómo es caminar entre el ganado del Valle de Mordu. En Inglaterra tienen sendas públicas, 225 000 kilómetros (140 000 millas) de sendas, que son pasos libres para caminantes. Y no son aceras. Son senderos que te llevan más allá de la acera, de los muros de piedra y por en medio de campos de trigo. Si el dueño de la tierra está ahí en su tractor, no llama a la policía; sencillamente, te saluda asintiendo con la cabeza y te desea lo mejor camino a Rivendell. Si hay vacas, es tu

---

12. A decir verdad, hay varias respuestas posibles aquí. Pero para mis propósitos, representan la mentalidad de que la tierra es un bien cívico, una responsabilidad compartida, y no algo que tan solo debe dividirse y monetizarse. Tal vez no haya sendas públicas en muchas partes de Europa, pero la belleza del paisaje allí se debe en parte a siglos de cultivar y cuidar la tierra como una bendición común.

responsabilidad evitar que te pasen por arriba. Al costado de los caminos hay muchos carteles que invitan a los viajeros a estacionar el auto y ver el campo desde adentro. No diría que es una exageración llamarlo algo milagroso. Al menos, así lo ve este estadounidense. Los amigos en Inglaterra parecen sorprenderse ante mi pasión por las sendas, porque para ellos es una forma de vivir. Pero podría no haber sido así. El derecho de vagar por la tierra no fue un accidente, y hubo una larga y dura batalla durante casi un siglo para que fuera legal nuevamente, cuando los terratenientes de la clase alta a fines del siglo XIX fueron excluyendo lentamente al público general de disfrutar de la belleza de la isla. Durante muchos años, no parecía que los caminantes fueran a ganar. Pero lo hicieron, y me alegra muchísimo.[13]

---

13. El libro *The Wild Rover* [El explorador salvaje], de Mike Rover, ofrece una historia sucinta del tema, y recorre las distintas demostraciones y leyes que se cabildearon para asegurar que la gente común de Gran Bretaña disfrutara de una vasta belleza. Aunque la gente había usado estas sendas durante siglos para moverse, los terratenientes adinerados se pusieron territoriales y contrataron guardias para mantener a las personas fuera de su tierra, supuestamente para proteger a los urogallos (o lo que fuera) que querían cazar. La Revolución Industrial llevó a miles de personas a pasar días enteros trabajando miserablemente dentro de ciudades repletas de esmog, como Manchester, y es entendible que sintieran que tenían el derecho de disfrutar de sus fines de semana caminando al aire fresco de los páramos y las montañas cercanos. La lucha llevó décadas, con pequeñas victorias aquí y allá, pero en general, el gobierno ignoraba los llamados al acceso público a las bellezas naturales de Gran Bretaña. Sin embargo, después de la Segunda Guerra Mundial, Inglaterra estaba en mal estado y la gente estaba desesperada por buenas noticias, lo cual por fin llevó a que el gobierno creara la ruta Pennine Way, junto con otras sendas largas para caminar y la designación de Áreas de Destacada Belleza Natural. Pronto, las personas a cargo

Una de las grandes alegrías de mi vida ha sido las horas y horas que mi familia y yo hemos dedicado a deambular por las colinas de Inglaterra a través de sendas, más allá de paredes de piedra por escaleras, pasando tranqueras e incluso junto a entradas privadas hasta una puerta en el jardín trasero de alguien, que pasa por el medio de una pradera llena de ovejas pastando. Al haber crecido rodeado de tierras de cultivo a las que nunca podía entrar, es difícil expresar lo intensamente deleitoso que me resulta abrirme paso como un *hobbit* por una pradera de granos dorados, con un mapa en una mano y un bastón en la otra. En Estados Unidos solo se me permite ver el Valle de Mordu desde el camino; pequeños atisbos mientras conduzco, o durante algunos segundos si me detengo. Hace veintitrés años que vivo ahí, y nunca caminé por el valle más hermoso que tenemos cerca. Estoy seguro de que, en los bosques profundos más allá de Mordu, arroyos cristalinos brotan de la piedra caliza, riachuelos burbujean a través de hondonadas; estoy seguro de que hay ruinas visibles como piedras angulares cubiertas de musgo y chimeneas de monolito cubiertas de enredaderas, por no mencionar las viejas tumbas y las trincheras de la Guerra Civil, así como los restos de asentamientos amerindios; pero nunca jamás lo sabré, porque es propiedad privada, y si voy, terminaría arrestado o frente al cañón del arma del terrateniente, gimoteando: «Te aseguro que soy amigo de Twana».

---

de los mapas de la agencia cartográfica Ordnance Survey aprobaron y exhibieron las sendas públicas, y ahora la gente como yo puede deambular por la Comarca durante días sin temor a la ira del Granjero Maggot.

Así como creo que se arrojarían menos residuos en el arroyo Mill si la gente pudiera verlo de verdad, y por lo tanto, apreciarlo, la tierra a nuestro alrededor estaría más protegida y sería más amada si pudiéramos disfrutarla a pie. Creo que el campo en Nashville sería tan legendario como el de Inglaterra. Pero si no se puede experimentar lo hermoso que es el derecho de deambular por ahí, es difícil convencer a alguien de esto. Habría quienes abusarían de este privilegio; al menos, por un tiempo. A nuestra cultura le llevaría varios años descubrir lo hermoso que es confiar y que confíen en ti. Pero antes de que eso sucediera, la gente se enojaría. Alguien sería atacado por vacas (esto realmente sucede en Inglaterra) y al granjero lo demandarían (esto *no* sucede en Inglaterra), y se terminaría la diversión.

Las sendas eran caminos por los que la gente se movía en Inglaterra, y aunque hoy en día son mayormente recreativas, siguen siendo una forma confiable de ir de una ciudad a la próxima. Nosotros tenemos la misma cantidad de ríos, riachuelos y cascadas, la misma cantidad de paisajes hermosos, pero nuestro individualismo nos ha separado de las mejores cosas de este continente: la tierra... a menos que conduzcamos dos horas hasta un parque estatal.

¿Sabías que existen recorridas de bares? (Debería señalar, antes de seguir, que los bares, o *pubs*, en Reino Unido, no son como los que tenemos aquí. En Estados Unidos, los bares son oscuros y ruidosos, lugares sórdidos con pantallas planas por todas partes y la música tan fuerte que hay que gritar. Los bares de los pueblos, por otro lado, son establecimientos comunitarios; lugares donde sentarse cómodo y conversar con amigos...

más como una cafetería que ha estado ahí hace 500 años. Los niños y las mascotas son bienvenidos. Las familias van ahí a cenar). Puedes comprar un libro de sugerencias para recorridas de bares, completo con una descripción de la historia del bar (por ejemplo: «Shakespeare y C. S. Lewis solían frecuentar este establecimiento... no al mismo tiempo, obviamente», o «Esta era la silla favorita de Rupert Brooke para reír a carcajadas», o «Esto ha sido un bar desde 1146, así que ahí lo tienes»), sugerencias para sus comidas más representativas, y por último un mapa de un camino circular que explora varios kilómetros del campo circundante. La idea es que te estaciones en el bar, vayas a caminar en medio de los árboles, y luego te recompenses con un plato de pescado y patatas fritas o con un budín pegajoso de caramelo. Ahora, imagina el equivalente más cercano en Estados Unidos: ¡una caminata hasta una casa de panqueques! Te estacionas en el bastión de las cosas ricas, esquivas el tránsito, intentas no tropezarte con pedazos de acera rotos (si los hay), mientras disfrutas de la vista de los muelles de carga detrás del supermercado y el bello desorden de cables de la luz por encima, y vuelves cinco minutos más tarde, igual de dispersos y sofocados que las croquetas de papa. Antes de que protestes, recuerda esto: la tierra donde todas estas cosas están construidas es *igual de linda que la de Gran Bretaña*. Sencillamente, ha sido cubierta con asfalto o rodeada de cercas eslabonadas con carteles que advierten: PROHIBIDO PASAR.

Mi frustración no es con la geografía de Estados Unidos. Este lugar es tan hermoso que a veces me cuesta creerlo. Sin embargo, es desesperante amarlo tanto y sentir que tan solo estamos espiando a través de las cortinas, sin poder realmente experimentar la belleza que se extiende por kilómetros y kilómetros más allá de la ventana. En *The Wild Rover*, Mike Parker habla sobre cómo se propuso transitar cada senda en un radio de casi cinco kilómetros (tres millas) de su hogar en Gales: «Mi inspección de los caminos ha sido una revelación. Dentro del radio de 5 kilómetros desde la puerta de mi casa, transité casi 110 kilómetros (70 millas) de sendas de paso libre, desde pantanos sombríos a través de bosques húmedos hasta pasillos bordeados de espinos en lo alto de las colinas. Encontré lagos, bosques, vistas y vecindarios que ni siquiera sabía que existían».[14] *Ciento diez kilómetros* de sendas en un radio de cinco kilómetros. Yo conduzco 4,5 kilómetros (2,8 millas) hasta el supermercado más cercano. Imagina todas las pequeñas maravillas que podría descubrir entre aquí y allá si tan solo pudiera deambular por el hermoso campo de Tennessee. Imagina los encuentros con otros caminantes, la vida salvaje, los cementerios, las ruinas, los avistamientos de árboles antiguos elevándose sobre los claros.

———

No podía dejar de pensar en esa gran haya antigua, con la fecha tallada en el tronco, así que conduje los quince minutos hasta la vieja calle Smyrna, decidido a encontrarla si todavía estaba ahí. Sneed Acres, la primera casa histórica en la que me detuve, tenía un cartel oficial que informaba que se había

———

14. Mike Parker, *The Wild Rover: A Blistering Journey Along Britain's Footpaths* (Londres: HarperCollins, 2011), 16.

establecido como una plantación en 1798. Había autos en la entrada más allá del portón abierto de hierro, pero cuando salí del auto, vi el cartel de PROHIBIDO PASAR. Me quedé ahí, intentando decidir si acercarme o no a la casa, vi una bandera con un cráneo y los huesos cruzados en la parte de atrás (no estoy bromeando), y volví rápidamente al auto. Conduje hasta otro marcador histórico, en frente de un viejo edificio de ladrillo de estilo colonial. No estaba renovado, así que pensé que era menos probable que me denunciaran a la policía. El marcador decía que la casa se había construido sobre un viejo pueblo amerindio, y que a principios del siglo XIX había adoptado el nombre de Cottonport. El pueblito (si es que se lo podía llamar así) incluía un molino de grano, una desmotadora, una tienda de ramos generales y una oficina de correo. Ahora bien, era una casa bastante sencilla en una zona rodeada de construcción nueva y pretenciosa. Justo vi que un joven salía de su auto en la entrada, y con algo de torpeza, le pregunté si sabía algo sobre una vieja haya con una inscripción.

«No, pero mi abuelo tal vez sepa. Él creció aquí y vive al lado».

Me acompañó y me presentó a su abuelo, un anciano pragmático con un maravilloso acento sureño. El hombre me dijo que su tatara-tatara-tatara-tatara abuelo había sido el fundador de Cottonport. También tenía mucho para decir sobre todos los nuevos vecinos que habían arrasado con los bosques para construir casas pretenciosas, sin ningún interés en la historia del lugar. Pregunté si había encontrado algún artefacto amerindio, y me respondió: «Por supuesto», como si fuera una pregunta evidente. Supongo que lo era.

«La gente que compró la parte de atrás de la propiedad edificó un granero justo encima del cementerio indio. Algunos intentaron detenerlos, pero a ellos no les importó. Encontraron un cementerio familiar en medio de la pastura para los caballos, y vinieron unas personas a cercarlo para protegerlo. Pero apenas se fueron las autoridades, ellos tiraron abajo el cerco y permitieron que sus caballos volvieran a pisotear el lugar. A esta gente no le importa nada». Miró por la ventana. «Te digo, lo peor es que he vivido lo suficiente como para ver que se transforme en esto».

«¿Sabe algo sobre una vieja haya?». El hombre sacudió la cabeza. «El libro aquí dice que tenía inscripciones que databan del siglo XVI. ¿Le suena familiar?».

«Ah, sí recuerdo ese árbol», contestó. «Ya no está más. Lo cortaron cuando construyeron esa subdivisión de casas allí».

Permitimos que nuestro dolor compartido llenara el silencio durante unos momentos y luego pregunté: «¿Hay algún otro viejo árbol que recuerde de su infancia aquí?».

«Bueno, está esa vieja catalpa ahí al frente». Su tronco era inmenso y gloriosamente retorcido. Muchas de las ramas más bajas estaban muertas, pero había ramas más grandes que reverdecían en la parte superior.

«¿Acaso sabe cuántos años tiene?».

«No, pero siempre ha sido así desde mi infancia».

Me quedé esperando que me invitara a husmear por sus bosques, pero no tuve suerte. Le di las gracias y seguí mi camino, consultando el mapa en mi teléfono para ver si había algún punto de acceso al bosque. Conduje varios kilómetros alrededor de la entrada de la subdivisión que el hombre mencionó, salí del auto y seguí un camino a pie que bordeaba el riachuelo; el mismo riachuelo que probablemente habría brotado de la vertiente de Cottonport, que era la fuente de agua que atrajo a los amerindios siglos atrás. Era realmente hermoso, aun con todas las casitas que flanqueaban el camino. Vi arces azucareros altos que seguramente tenían más de 200 años, sicómoros encumbrados (una vez más, con su «repentina blancura») y fresnos llenos de plantas trepadoras. El camino terminaba en una pared de plumero amarillo y vernonias violetas, y el riachuelo se metía allí y desaparecía río arriba. Mariposas monarca y cometa danzaban en el aire por encima de las flores. Me metí un poco más adentro entre los arbustos para ver cuán difícil sería, y todavía con la esperanza de que el anciano estuviera equivocado y yo pudiera divisar a la haya de 500 años de edad, pero no hubo caso. Las malezas eran demasiado densas, y me estaban devorando los mosquitos. Qué lástima. Espero que en alguna parte en esos bosques se encuentre una haya monumental que brotó en algún momento de la Edad Media, pero nunca lo sabré. *¿Por qué?* Me alegra que preguntes. Porque no hay sendas.

En el camino junto al riachuelo, de regreso al auto, me llamó la atención que, después de treinta minutos de caminar junto a un arroyo burbujeante, entre flores silvestres y mariposas de fin de verano, no me encontré con ninguna persona. Sí, había gente empujado cochecitos de bebé en la calle de la subdivisión, pero no había nadie en el valle, donde estaba la verdadera belleza.

———

Hace unos años, la fundación C. S. Lewis me invitó a Cambridge para un concierto y una conferencia, así que tuve exactamente tres días para ver todo lo que había para ver. Les pedí a varios lugareños que me recomendaran la mejor caminata, y el consenso fue Grantchester Meadows. Compré un mapa y salí a caminar, primero por King's Parade, una avenida imponente que tiene la mejor vista de la universidad antigua, incluida la pieza central, la capilla del King's College. La capilla es impresionante, con su piedra suave, sus chapiteles góticos y una ventana gigante de vitral que mira hacia la concurrida calle. Una mañana, asistí a la iglesia allí para un servicio presidido por el poeta Malcolm Guite, y me perdí en la intrincada arquitectura del techo, tal como Wordsworth describió en su soneto: *«Inside of King's College Chapel, Cambridge»* [Dentro de la capilla del King's College, Cambridge].

Estos pilares sublimes extienden el techo imponente
Equilibrados y repartidos en diez mil celdas
Donde reposan la luz y la sombra, donde habita la música
Suspendida y errante, reacia a morir;
Como pensamientos cuya misma dulzura prueba
Que nacieron para la inmortalidad.

Después de la capilla, caminé por un callejón angosto hasta el parque detrás de la universidad, llamado «The Backs». Crucé un puente y caminé junto al río Cam, con sus barcas largas y perezosas que deslizaban a los turistas junto a los edificios antiguos de la universidad. Caminé más allá de la escuela y a través de parques verdes inmensos, y llegué al distrito más sencillo de la ciudad. Después de un tramo largo de filas y filas de casas bastante sosas, siempre consultando mi mapa para asegurarme de no haber girado mal, terminé en lo que parecía un lugar sin salida: un estacionamiento de gravilla cercado por setos. Me sentí desilusionado hasta que divisé una puerta en un costado, junto a la cual había uno de esos maravillosos carteles de madera que anunciaba un camino público y me llamaba a otro mundo.

Crucé la puerta y, enseguida, me recibieron unas treinta vacas desconsideradas que bloqueaban el camino, todas tiradas en el fango, rumiando. Disculpándome por lo bajo, me fui abriendo paso en medio de ellas hasta que encontré el camino gastado que por fin me llevó de regreso a la ribera.

GRANTCHESTER MEADOW
THE RIVER CAM
CAMBRIDGE

AMO
11/24/19

Durante los próximos cuarenta y cinco minutos más o menos, me sentí Samsagaz Gamyi, deambulando junto a aquel río bajo y tranquilo, por campos soleados donde pastaba el ganado, bajo la sombra de los sauces y los castaños, cuyas ramas se extendían amorosamente sobre el río. Al rato, el camino se desvió del río y atravesó un campo hacia el salón de té Orchard Tea Garden, donde los británicos más elegantes bebían y reían. Ahora, me encontraba en el pueblo de Grantchester, famoso en parte por la serie de misterio de la BBC con el mismo nombre, pero en especial, por el autor de poemas de guerra, Rupert Brooke. Con la cabeza llena de historias y el corazón lleno de deleite, almorcé solo en un bar llamado The Green Man y escribí en mi diario. Todo estaba bien con el mundo.

Recién más tarde, descubrí la rica historia de esa caminata. Hace mucho tiempo, en el siglo XIV, Geoffrey Chaucer escribió sobre la zona de Los cuentos de Canterbury. Rupert Brooke, a quien Yeats llamó «el joven más apuesto de Inglaterra», escribió estas líneas nostálgicas sobre Grantchester Meadow antes de morir en la Primera Guerra Mundial:

¡Ah! Los castaños, todo el verano,
Junto al río no hacen en vano
Un túnel verde de tristeza y sueño interminable
Profundamente alto; y verde e insondable
El arroyo misterioso se desliza en la oscuridad,
Verde como un sueño, y cual la muerte su profundidad.

El poema de Sylvia Plath, «Watercolor of Grantchester Meadows» [Acuarela de las praderas de Grantchester] le rinde homenaje a las vacas:

> *Es un país sobre un semillero.*
> *Vacas moteadas mueven rítmicamente sus fauces*
> *y se deleitan en trébol rojo o roen raíz de remolacha*
> *Sobre un nimbo de flores bañadas de sol.*
> *Praderas que bordean con un benigno*
> *verde brillante*
> *El espino con bayas color carmín esconde sus púas con blanco.*

Sin embargo, la sorpresa más grande fue la canción de Pink Floyd, escrita por Roger Waters, «Grantchester Meadows», la cual nos llama:

> *Oye la alondra y escucha el ladrido del perro macho*
> *Escondido cuerpo a tierra*
> *Mira cómo salpica el martín pescador en el agua*
> *Y un río de verde se desliza inadvertido debajo de los árboles*
> *Riendo mientras pasa a través del verano interminable,*
> *En busca del mar*

Esto, amigos, es lo que sucede cuando no construyes una subdivisión de casas o un centro comercial sobre uno de los hermosos lugares de la tierra, sino que, en cambio, lo honras y lo abres para que la gente lo disfrute. Es lo que pasa cuando los dueños de aquellas vacas, sin temor a una demanda judicial, permiten que los caminantes pasen por allí.

Durante *siglos*, el lugar queda conmemorado en canción e historia. Personas como yo, de tierras lejanas, lo experimentan y lo valoran por su belleza sencilla y atemporal. De esta manera, le damos al lugar la oportunidad de hablar, e insiste en que reconozcamos su cualidad sagrada, su condición de *lugar*, lo cual nos lleva a compartirlo y cuidarlo. (No es de extrañar que no haya visto nada de basura en el río Cam).

Como siempre digo, el arroyo Mill, a una caminata corta de The Warren, es igual de lindo… o podría serlo, si pudiéramos verlo desde la vía verde, si permitiéramos que las personas caminaran junto a sus orillas y por las praderas, hasta llegar al bar del pueblo (el cual no existe, debido a normativas de urbanización).

Como estamos tan arraigados en nuestra forma de vivir, nuestra manera de pensar sobre la tierra privada, será difícil cambiar las cosas. Hasta que lo hagamos, las partes más hermosas de este gran país permanecerán escondidas, invisibles y no queridas por nadie más que los dueños, y las generaciones siguientes seguirán pensando en la tierra en términos de «mío» y «tuyo», y no «nuestro». No quiere decir que Estados Unidos no esté lleno de cosas buenas, esta tierra donde vivo. Seguiré amándola, y siempre que la gente diga que el paisaje es más bello al otro lado del océano, la defenderé y les recordaré a los demás que la belleza aquí es igual de profunda… tan solo que hay una gran parte escondida por ahora. Es necesario aclarar que la belleza escondida es mejor que la falta de belleza.

Entonces, ¿qué se puede hacer más que empezar la paciente tarea de consagrar lo que tenemos? Esta tarde, planeaba cortar el césped de la entrada, pero mi lata de gasolina estaba vacía. Conduje hasta la estación de servicio, pasando por el Valle de Mordu y la Cresta de Dan, y camino a casa miré, como siempre hago, el arroyo mientras cruzaba el puente del arroyo Mill. El agua estaba alta por la lluvia del día anterior como para andar en kayak, así que dejé de lado el plan de cortar el césped, llamé a mi hermano y le insistí que viniera al agua conmigo. Cuando llegó a mi casa, el sol ya estaba bajo en el horizonte, así que para el momento en que por fin nos metimos al agua, era la hora mágica. Los árboles estaban radiantes bajo la luz. Mientras flotábamos por aquel mundo tranquilo de maravillas, escuchamos a la gente que corría y caminaba por la vía verde, apenas por encima de nosotros más allá de los arbustos densos. No tenían idea de que estábamos ahí, y probablemente ni siquiera pensaban en que, a apenas unos metros de distancia, un viejo canal fluía como lo había hecho durante miles de años.

CANE RIDGE, TN 12-26-19   MILL CREEK   ANDM

Cuando llegué a casa, con la convicción de haber escrito este capítulo, escribí un poema. También les pedí a varios vecinos que me acompañaran en la obra de «desprofanar» el arroyo, y ofrezco aquí el primer poema publicado (que yo sepa) sobre este hermoso regalo que serpentea entre los árboles altos de Cane Ridge.

ARROYO MILL EN SEPTIEMBRE
por Andrew Peterson

Mi hermano y yo fuimos al riachuelo,
Dos pequeños botes hacia la hora dorada.
Esquivando piedras mojadas de ángulos oblicuos,
Escuchamos a los transeúntes hablar
Sobre la ribera y más allá del emparrado.

Nuestra presencia desconocida, nuestro curso
    inadvertido,
Nos deslizamos por debajo del mundo que ellos
    conocían
En nuestro mundo de agua y corrientes verdes,
Donde una rama de roble saludaba a una garza
Mientras los martines pescadores coqueteaban
    volando.

Los malecones de piedra caliza bordeaban y
    deslumbraban
Donde el agua de manantial goteaba sobre el
    musgo

Y entonaba su canción con los últimos rayos
    de sol
Su luz atravesaba las hojas y las iluminaba
En sicómoros señoriales que se extendían a lo largo.

Y al final, dejamos todo atrás.
El sol también se fue, y ahora una cálida noche
Envuelve el valle y nos enceguece.
Pero en mi mente, puedo ver el agua,
Allí abajo en la ribera, en el deleite de la oscuridad.

TORMENTA DE VERANO SOBRE EL ARROYO MILL (20 DE JULIO DE 2020)
por Shigé Clark

El agua se transforma.
Debajo del puente, se dilata, no como
lo haría un corazón, sino como
los pulmones.

Alrededor de la curva al sur
Las margaritas amarillas parpadean con ojos
    marrones en la lluvia,
tímidas detrás de las moras atrevidas. Las
gotas oscilantes tiemblan
verdes en el suelo y
envían el aroma de la tierra
hacia los árboles.

Aplauden…
roble y catalpa, arce y cornejo
se amontonan junto al agua
a mirar. El patrón de las gotas
se rompe en sus manos
como las lágrimas de un hombre
demasiado conmovido como para hablar,
se inclinan sobre arbusto y mata. Hojas
como joyas aplanadas destellan mezcladas
sobre el suelo sinuoso. Le han dado
al aire su riqueza.

El agua les arranca la belleza
y las arroja a nuestro alrededor para hacernos
        compañía,
las deja adornadas de rocío para deslumbrarnos,
retira el sol jugueteando con sus rayos
y forma arcoíris sobre los campos cubiertos de heno,
transforma.

No como
lo haría un cincel, sino como
la verdad.

ALGO SALVAJE
por Pete Peterson

Había algo salvaje aquí,
y algo salvaje recuerda

aún
los árboles tranquilos de rodillas
para beber del arroyo silencioso.
Y entre el crujido de las hojas
se cuentan sobre algo salvaje
tan profundo como sus angustias.

El juego de la lluvia,
        nuevo con el otoño,
                sobre riscos de piedra,
                        antiguos desde la caída,
acaricia el rostro de la roca añeja
hasta que ella le devuelve una sonrisa rota.
Y observa y se lamenta
por lo salvaje que fue y
lo salvaje que es,
        sin embargo,
anhela lo Salvaje que vendrá.
Porque lo salvaje tiene dos
        caras, dividido
en facetas que reflejan luces diferentes.

Uno, la paz que sostiene la creación,
que levanta y desgasta
pero paciente a través de los años;
y el otro
        la irreflexión precipitada
        que supera al arroyo antiguo,
                corta

la colina pensativa,
enderezando el camino
que los pies solían conocer en puntillas
alrededor del carrete rumiante de la tierra.

Esa fiereza rompe los árboles
que se doblaron y estremecieron,
y murmura por encima de la tribulación del
arroyo burbujeante. Pero

cuando la noche se resiste a
los caminos salvajes que
    cortan,
        hacen surcos
e invocan el reino del
grito cadencioso de la cigarra,
el gruñido de la vida salvaje,
se decide y
recuerda...

que cuando retroceda la falsedad indómita
que habla en el traqueteo de los motores,
La fiereza del tiempo ya habrá quedado atrás,
    atrás,
haciendo eco en la plenitud de un lugar más
    salvaje,
indomable pues entonces libre de ataduras,

cuando lo Salvaje mismo domine lo salvaje,
y sus extremidades antiguas retraten el antiguo
   himno
   cantando
      algo
         Salvaje se acerca.

X

EL QUE LLORABA
EN LOS ÁRBOLES

Las nubes que se reúnen alrededor del sol poniente
Adoptan el color sobrio de un ojo
Que ha vigilado de cerca la mortalidad del hombre.
—William Wordsworth

No entraré en detalles sobre qué me llevó ahí, al bosque helado al amanecer. Es suficiente con saber que mi corazón estaba angustiado, y estaba enojado con Dios. Estaba enojado por Su silencio inmenso y opresivo, que a mí me parecía una indiferencia muda frente al dolor de un hijo que llora. Una y otra vez, había clamado pidiendo alivio, pero solo recibía más angustia. Tenía veintiocho años, estaba agotado y aterrado de la vida.

Una noche, en lo que sería un presagio del armario del portero muchos años después, terminé en el armario de nuestra habitación, de rodillas y gimiendo mientras pedía ayuda. No fue la primera ni la última vez. Estaba desesperado por sanidad, convencido de que Él era el sanador, pero Jesús estaba rodeado por la multitud y yo no podía pasar. Ah, cómo me extendía, me estiraba y me arrastraba por la tierra, pero las yemas de mis dedos no podían tocarlo. ¿Por qué, si tanto me amaba, me provocaría con el borde de Su manto, balanceándolo apenas fuera de mi alcance?

¿Por qué no arreglaba lo que estaba roto? Experimenté un giro desde el dolor al enojo, una ira que emanaba como alquitrán desde los valles desgastados de mi alma, un enojo que se derramaba de mi boca mientras susurraba: «Te odio» al Amor en persona. En un arranque atolondrado de ira, le pegué un puñetazo a la pared con el costado de la mano y me di cuenta, con una alegría enfermiza, que había roto la placa de yeso.

Después, me desplomé sobre el suelo y permanecí ahí inmóvil hasta que aparecieron unos amigos y me ayudaron a salir a la luz, oraron por mí y prometieron llamar al día siguiente. Para ser sincero, estaba aterrado. Nunca antes le había dicho a Dios que lo odiaba. Había expresado mi desilusión, mi frustración e incluso enojo… pero jamás había usado la palabra *odio*. Todos estos años después, el recuerdo me sigue perturbando. Al día siguiente, llamé a un amigo y, con vergüenza, le conté lo que había dicho. «Dios puede soportarlo», me respondió. «No tengas miedo».

Me reconfortó saber que no había perdido mi alma, pero aun así, fue como si una mortaja me cubriera y cubriera mi día, sugiriendo que era necesario hacer las paces de alguna manera. No sabía cómo, y tampoco estaba seguro de quererlo todavía. Como ya dije, muy pocas veces me costó creer en Dios. Para mí, la lucha, cuando llega, siempre ha sido creer que es bueno. ¿Sus intenciones para mí eran buenas? ¿Acaso un padre bueno respondería a la angustia de su hijo con silencio? Decidí dejarlo probar su propia medicina. Sin embargo, resultó difícil existir con pulmones que funcionaban bien, una esposa adorable, hijos saludables, alimento para comer y trabajo para hacer, y aun así, retener una gratitud silenciosa a cada paso. Extrañaba poder hablar con Él, llevarle mis preguntas y mis pequeños momentos de deleite, aun en medio de aquella temporada de dolor. Estaba empecinado.

Por fin, el amigo que me ayudó a salir de la oscuridad de aquel armario en la habitación, me dijo: «Todos los años voy a un retiro silencioso en un monasterio en Kentucky. Es este fin de semana. Deberías ir tú en mi lugar. Lo necesitas más que yo».

«Pero es tu nombre en la lista», dije, tratando de escaparme del asunto.

«No importa. Tan solo diles que eres yo».

El travieso hijo de pastor en mí se emocionó ante la posibilidad de mentirles a los monjes, así que acepté. Cuanto más se acercaba el fin de semana, más nervioso me ponía. Al haber crecido como un protestante hecho y derecho, no conocía los monasterios y lo que se suponía que debía hacer ahí. ¿Tendría que ponerme una túnica? ¿Afeitarme la cabeza? ¿Cavar con azada en el jardín? Lo único que sabía con certeza era que, según mi amigo, muchos de los trapenses habían tomado votos de silencio. Dios me había aplicado la ley del hielo, así que yo estaba ansioso por devolverle el favor. Tal vez si me tomaba la molestia de conducir hasta ahí, me pasaba los días ayunando, leyendo la Escritura y escribiendo lo suficiente en mi diario, Dios se dignaría a darme alguna explicación. Quizás «escucharía al Señor», como todos los demás cristianos parecían hacer.

Cuando salí, estaba oscuro y hacía frío. A medida que avanzaba hacia el norte, se puso más frío. Durante el viaje de tres horas hasta ahí, la mente me jugó malas pasadas. Me acosaban las dudas y las tentaciones crecían como malezas. A apenas unas salidas antes de la del monasterio, vi, iluminado por una luz artificial espeluznante, una de esas grandes tiendas para adultos al costado del camino, y parecía como si todos los demonios del infierno estuvieran persuadiéndome a coro para bajar de la autopista y mancillar mi imaginación mientras tuviera la oportunidad. Desafié las voces oscuras y desagradables y seguí adelante hasta la salida 81 hacia

Sonora, que literalmente significa «que tiene un sonido agradable». Viré con el auto hacia las colina oscuras y arboladas, cada vez más cerca del monasterio trapense más antiguo de Estados Unidos, y cada vez más lejos de la autopista impersonal y las seducciones que la acompañaban.

Nunca había leído nada de Thomas Merton, así que no sabía en ese momento que uno de los mejores escritores de Estados Unidos había vivido y escrito en la Abadía de Getsemaní. Muchos años después, leí sus memorias, *La montaña de los siete círculos*, y me sorprendió lo similar que fue mi llegada ahí a la suya en 1941.

Contemplé el campo ondulado y la pálida cinta de la carretera, delante de nosotros, dibujándose tan gris como el plomo a la luz de la luna. Luego, de repente, vi un campanario que brillaba como la plata a la luna, creciendo a la vista desde atrás de una loma redonda. Los neumáticos cantaban en la carretera vacía y, con el aliento en suspenso, miré el monasterio que se revelaba ante mí así que cruzamos la prominencia. Al final de una avenida de árboles había un gran grupo rectangular de edificios, muy oscuros, con una iglesia coronada por una torre, un campanario y una cruz: el campanario era tan brillante como el platino y todo el lugar estaba sosegado como la medianoche y perdido en el absorbente silencio y la soledad de los campos. Detrás del monasterio había una oscura cortina de bosques y por el oeste un valle arbolado; más lejos, un baluarte de colinas espesas, barrera y defensa contra el mundo.

Por encima del valle sonreía la luna benigna y
suave de Pascua florida, la luna llena, en su amabili-
dad, amando este lugar silencioso.[15]

Estacioné el auto, tomé mi mochila y caminé en el oscuro
silencio hacia la entrada del portero. Por fin, era mi oportunidad de mentirle a un monje. Estaba emocionado, nervioso
y ansioso por ver qué sucedería. Lo que no sabía era que los
monjes seguían la regla benedictina, que aboga por la hospitalidad para los viajeros. Con alivio y algo de desilusión, vi un
cartel cerca de la puerta, grabado en piedra: «Que todos los
huéspedes que lleguen sean recibidos como Cristo». Resultó
ser que no tenía que mentir. Tan solo tenía que buscar y llamar.

Aquí, la historia de Merton es exactamente (y en forma
algo inquietante) igual a la mía, hasta la barba gris y puntiaguda del hermano.

Pude oír que alguien se movía en el interior.

En seguida giró la llave de la puerta. Pasé al
interior. La puerta se cerró silenciosamente tras mí.
Estaba fuera del mundo.

El efecto de aquel patio grande, iluminado por la
luna, el macizo edificio de piedra con todas aquellas
ventanas oscuras y silenciosas, fue abrumador. Ape-
nas podía contestar a las preguntas que cuchicheaba
el hermano.

---

15. Thomas Merton, *La montaña de los siete círculos* (Buenos Aires, Argen-
tina: Editorial Sudamericana, 1998), 342.

Miré sus ojos claros, su barba gris y puntiaguda.
[...]

Cruzamos el patio, subimos unos escalones, entramos en una sala alta y oscura. Yo vacilaba al borde de un piso bruñido y resbaladizo, mientras el hermano buscaba a tientas el interruptor de la luz. [...]

Empezamos a subir la ancha escalera. Nuestros pasos resonaban en la oscuridad vacía. Un tramo y luego otro y un tercero y un cuarto. Había una distancia inmensa entre los pisos: era un edificio con grandes techos altos. Finalmente llegamos al piso superior, el hermano abrió la puerta hacia una habitación ancha, dejó mi maleta y me abandonó.

Oí sus pasos cruzando el patio de abajo, hacia la casa del portón.

Experimenté el silencio profundo de la noche, de la paz, de la santidad que me envolvía como el amor, como la seguridad.

¡El abrazo del silencio! Había entrado en una soledad que era una fortaleza inexpugnable. El silencio que me envolvía me hablaba más alto y más elocuentemente que ninguna voz; en medio de aquella habitación tranquila y oliendo a pulcritud, con la luna vertiendo su paz a través de las ventanas abiertas, con el alma de la noche cálida, comprendí verdaderamente de quién era aquella casa...[16]

---

16. Merton, *La montaña de los siete círculos*, 342-343.

Para mí, el aire nocturno estaba frío, pero era la única diferencia del relato de Merton. Me abrazó el silencio vivo del lugar, y me quedé allí acostado hasta altas horas de la noche, sin poder conciliar el sueño.

Pasé los tres días siguientes en mi celda, y solo la dejaba para escuchar desde un balcón, junto con los demás huéspedes, a los monjes cantar las vísperas. Fui un rato a la biblioteca, pero me sentí extrañamente expuesto y volví al seno de mi recámara por el resto de mi tiempo allí. A la tercera mañana, había abandonado el romance del silencio y entrado en el territorio conocido de la frustración una vez más. El silencio, que al principio me parecía alguna clase de respuesta, volvió a transformarse en el silencio de las preguntas sin responder. La ballena blanca de mi dolor seguía perturbándome, y yo le lanzaba arpón tras arpón, con el peligro bien real de quedar enredado en las sogas de mi propia ira. Si me hubiera quedado más tiempo —toda la vida, quizás—, el dolor se habría disuelto en aquel océano de quietud; pero solo tenía tres días, y después tenía que volver a la única vida que conocía, fuera de los bosques del sábat en el monasterio, sin el lujo de una devoción sin límites de tiempo a un Dios que es lento para hablar.

Como todavía no podía dormir en aquella quietud perturbadora, me bajé del camastro el último día, poco antes del amanecer, y partí hacia el frígido estacionamiento con mi bolso. El experimento había sido lindo, pensé, pero en última instancia, era otro intento frustrado de obtener una audiencia con el Rey. Todas preguntas, ninguna respuesta. Todo misterio, ninguna revelación. ¿Qué más quería de mí? Aparentemente, no alcanzaba con ayunar, orar y esperar. Arrojé mi bolso en el maletero y lo cerré con demasiada fuerza, y el sonido hizo eco por el complejo del monasterio en medio del amanecer que quitaba el aliento. Miré al otro lado de la calle a esa «oscura cortina de bosques» y vi un pequeño cartel blanco clavado al piso. Me acerqué, y divisé las palabras: «A las estatuas», junto a una flecha que señalaba una senda, la cual guiaba al sombrío cerco de árboles.

Ahuequé las manos y respiré en el hueco para calentarlas, mientras miraba desde mi auto a la senda, y de regreso al auto. Movido por la curiosidad, cerré el auto (algo ridículo, ya que a los monjes probablemente no les servía mi estéreo), y salí de un mundo para entrar en otro. Es fácil pasarlo por alto si no lo estás pensando, pero la próxima vez que entres a una arboleda, presta atención a la manera en que cambia el aire. El sonido queda amortiguado, pero por razones que no comprendo, los árboles hacen eco cuando hablas dirigiéndote a ellos. Los pájaros revolotean de rama a rama, aturdidos ante tu atrevimiento de entrar a su casa sin invitación. Mientras que antes tan solo podías sentir el viento, ahora puedes verlo, rozando las copas de los árboles, yendo adonde quiere. En las temperaturas heladas del amanecer, todos estos efectos se intensifican, y uno es agudamente consciente de su propia intrusión en una quietud sagrada. Lo único que se le parece es entrar desde la calle de una ciudad a una catedral etérea.

Con las manos metidas en lo profundo de los bolsillos de mi abrigo, seguí el camino junto a los centinelas silenciosos de los árboles durmientes, y descendí a hondonadas, preguntándome qué serían las estatuas. En lo profundo del bosque descubrí un cobertizo desvencijado y me asomé con la cabeza en su interior. Había un cuaderno y una lapicera, donde los peregrinos habían anotado oraciones. Leí algunas, y me sentí algo avergonzado por escuchar a escondidas los lamentos de tantos corazones. Volví a respirar en mis dedos para activar el flujo de sangre, tomé la lapicera y derramé mi corazón solitario sobre la página, derramando lágrimas reales y poniéndome incómodamente específico a pesar de que cualquiera podría leer mis agonías más privadas. No recuerdo exactamente qué escribí, pero se resumía en lo siguiente:

Ayúdame. Por favor, Dios. Ya no estoy enojado, pero te necesito. Ayúdame.

Para entonces, el amanecer había despertado al día, y quise regresar a casa. Extrañaba a Jamie y a los niños. Había llegado hasta aquí, había renunciado a mi lucha y roto el silencio con Dios, y tenía muchísimo frío. Miré hacia atrás al camino por el que había venido, y divisé otro cartel, con la misma invitación: *a las estatuas.* Una bocanada de viento agitó las ramas superiores. Seguí caminando, adentrándome en los árboles solitarios, y preguntando una y otra vez: «¿Dónde estás? ¿Por qué no respondes?».

Por fin, el camino se inclinó a la derecha y me encontré con una escultura de tres hombres acurrucados mientras dormían. Me llevó un momento, pero me di cuenta de que era una representación de Pedro, Jacobo y Juan, cuando no habían podido permanecer despiertos la noche en que Jesús fue traicionado. Esta era la Abadía de Getsemaní, por supuesto, todo un monasterio nombrado en honor a la noche en que Jesús fue al bosque a orar. Así que sabía qué venía a continuación.

Seguí el camino y la aglomeración de árboles se abrió en un pequeño claro. Justo en el centro, congelada en medio de la luz gris, estaba la estatua de un hombre en estado de desesperación. No era una representación clásica y puritana de un Cristo apenas humano. No, era diferente. Parecía que había tropezado hasta caer de rodillas. Tenía la espalda arqueada y la cabeza hacia atrás. Las manos le cubrían el rostro, de manera que los codos se extendían hacia afuera. Sus amigos estaban dormidos, y los árboles letárgicos también dormían. Ni siquiera Su propia creación vigilaba con Él aquella mañana, mientras se arrodillaba en el terrible silencio de aquel bosque solitario. Entonces, yo también caí de rodillas y lloré, con el extraño deseo de consolarlo *a Él*, de decirle que no estaba solo, que había caminado por un desierto helado para estar con Él, que me quedaría vigilando, querido Maestro. Como una ráfaga, me sobrevino la comprensión de que conocía a mi Salvador mejor en el silencio de lo que jamás había podido conocerlo en la canción. ¡Ah, Señor, qué preciosa es tu presencia de llanto con los que lloran! ¡Cuánto mejor es tu compañía en la oscuridad profunda que tu ausencia en la luz! No estaba solo. Nunca había estado solo. Mi propio descenso a los bosques oscuros de la desolación era meramente una senda al corazón de Cristo: Cristo, el cual fue al bosque a orar; Cristo, que les pidió a Sus amigos que se quedaran velando con Él; Cristo, el cual en Su angustia no apartó el rostro del Padre sino que lo volvió *a Él*, que dirigió Sus preguntas a la silenciosa bóveda celeste y obtuvo por respuesta una multitud iracunda.

Yo también fui al bosque para hallar una respuesta, y encontré a Jesús. Exigí palabras, y en cambio recibí la Palabra silenciosa y llorosa que hace eco en el bosque solitario de todo corazón angustiado, la Palabra que todos los libros del mundo no pueden contener. En la noche oscura de mi alma, Él fue el amigo que se quedó velando.

Quisiera poder decir que mi encuentro con Cristo en la Abadía de Getsemaní fue el fin de mi sufrimiento, pero no fue así. Todavía quedaban meses, años de sanidad por delante. Pero no es ninguna exageración decir que nunca olvidé la verdad resonante de que el Hijo está presente en el silencio del bosque desolado, el Espíritu mueve las ramas de aquellos árboles sin hojas, y el Padre mira con bondadosa paciencia.

Poco después de llegar a casa, escribí «*The Silence of God*» [El silencio de Dios].

Es suficiente como para volver loco a un hombre
Es algo que quebranta la fe
Lo suficiente como para hacer que se pregunte
Si alguna vez estuvo cuerdo
Cuando llora a gritos pidiendo consuelo
De tu vara y tu cayado
Y la única respuesta del cielo
Es el silencio de Dios.

Quebrantará la estructura de un hombre
Cuando pierde el corazón
Cuando tiene que recordar
Qué fue que lo desarmó

EL QUE LLORABA EN LOS ÁRBOLES

Este yugo quizás sea fácil
Pero esta carga no lo es
Cuando los campos de llanto se congelan
Con el silencio de Dios

Y si un hombre tiene que escuchar
Las voces de la multitud
Que se tambalean bajo los efectos
De toda la felicidad que tienen
Cuando te cuentan que todos sus problemas
Fueron clavados en aquella cruz,
Bueno, y entonces, qué hay de los momentos
En los que incluso los seguidores se pierden
Porque todos nos perdemos a veces

Hay una estatua de Jesús
En un montículo en un monasterio
En las colinas de Kentucky
Todo silencioso y frío
Y está arrodillado en el jardín
Silencioso como una roca
Y todos Sus amigos duermen
Y Él está llorando completamente solo

Y el Varón de dolores
Jamás olvidó
El dolor que llevan
Los corazones que Él compró
Así que cuando las preguntas se disuelven

En el silencio de Dios
El dolor tal vez persista
Pero el quebranto ya no

El dolor tal vez persista
Pero el quebranto ya no
En el eco santo y solitario
Del silencio de Dios

En todos estos años, solo volví una vez a la Abadía. Pero cada vez que paso por la salida 81 y veo la palabra «Sonora», recuerdo el sonido agradable del silencio de Dios que llenaba esos bosques. Es un silencio gestante, el silencio de los árboles durmientes, el silencio del invierno al amanecer. También puede ser un sonido de ruego, de sumisión valiente a la voluntad del Padre... y lo que empezó como sumisión se transforma en misión con cada paso rendido: *proclama las obras del Señor.* Entramos al bosque con una pesada carga, y emergemos con una carga y un hermano. He vagado lejos, pero Él nunca me dejó.

Lo amo, a Aquel que llora en los árboles.

XI

LUGARES Y NO LUGARES

En la orilla norte del arroyo Mill, hay treinta y cinco hectáreas (ochenta y seis acres) a la venta. Las compraría mañana mismo si tuviera tres millones de dólares tirados por ahí. Es una zona residencial, con potencial para desarrollos comerciales, lo que, naturalmente, nos tiene preocupados y molestos a todos los vecinos; lo último que queremos es una inmensa tienda de departamentos que brote como una maleza nociva en medio del valle. A menudo, describo a Cane Ridge como «Nashville, pero con vacas». Es uno de los últimos focos del condado de Davidson donde, en el Valle de Mordu, por ejemplo, uno todavía puede ver las cosas como habrían sido hace un siglo, con ganados que pastan tranquilos junto a una laguna. Nos encanta estar lo suficientemente cerca de la ciudad como para ir a ver una película o escuchar un recital, lo suficientemente cerca como para ser parte de la vibrante vida cultural de una buena ciudad y, sin embargo, lo suficientemente lejos como para que haya cierta medida de privacidad y una razón para cuidar la tierra. Solía pensar que, para tener una cosa, tenía que resignar la otra, pero con el correr de los años, cambié de opinión. Pocas cosas son más maravillosas para mí que una integración agraciada de la naturaleza y la cultura, que, en esencia, es lo que un jardín implica; y para mí, hay pocas cosas menos increíbles que arrasar un bosque para emplastar otra subdivisión insulsa de casas en otro rincón de la tierra.

Como Cane Ridge es uno de los últimos bastiones de tierra de cultivo que quedan en Nashville, es la clase de lugar que vuelve locos a los desarrolladores de bienes raíces. Consiguen varias hectáreas, arrasan con todo lo que había sobre ellas, la subdividen en pequeños terrenos y los venden para sacar una buena ganancia, a menudo, sin que el desarrollador jamás pise la tierra. En los últimos siglos en Estados Unidos la tierra no se ha considerado un bien cívico, algo que todos podemos compartir y administrar, sino principalmente una manera de hacerse rico. Hay una gran cantidad de tierra ahí afuera... kilómetros y kilómetros que se extienden hasta el Pacífico, y esa falta de escasez ha llevado a una falta de cuidado.

Es cierto que la gente necesita lugares donde vivir, y no me molesta que las personas deseen tener una casa bonita donde ver crecer a sus hijos, pero creo que necesitamos más que simplemente casas. Necesitamos *hogares*, y un hogar es más que tan solo las cuatro paredes donde comemos y dormimos, y miramos Netflix. Es un lugar que le da forma y significado a nuestra vida. Necesitamos Lugares con L mayúscula, lugares que honren la historia de la comunidad, lo sagrado de la creación y nuestra necesidad humana básica de belleza y naturaleza. Pero, según James Howard Kunstler, nos hemos transformado en un país de «no lugares». No estoy de acuerdo con todo lo que dice en su libro *The Geography of Nowhere* [La geografía de ninguna parte], pero sí con lo suficiente como para recomendártelo. En esencia, hay tres clases de lugares en Estados Unidos: la ciudad, el campo y ese extraño lugar intermedio de las zonas residenciales a las afueras de la ciudad. Ah, las zonas suburbanas: ese pedacito de Estados Unidos donde nombramos las subdivisiones en honor a los árboles que cortamos para construirlas, donde eliminamos la posibilidad de una biblioteca o restaurante en la cercanía inmediata, donde nos matamos cuidando un césped que casi nunca usamos, donde nuestros porches delanteros son demasiado angostos como para una hamaca, donde sacamos a caminar al perro pero no podemos ir a almorzar caminando, donde nunca llegamos a conocer a los vecinos porque nadie planea quedarse ahí por más de unos cuantos años, donde conocer a la gente es más difícil de lo que debería ser porque no hay ningún bar, panadería o mercado de productores; en otras palabras, no hay ningún punto de reunión informal donde uno se pueda encontrar con los vecinos en forma orgánica.

Entiendo que es probable que muchas de las personas que leen este libro vivan (y disfruten de vivir) en algo parecido a lo que acabo de escribir, y tal vez acabo de perderlas. Pero permítanme retroceder un poco y hacer gestos conciliadores antes de que vayan a dejar una mala reseña, y recordarles con una risita nerviosa que yo también viví en una subdivisión por años, y ahora tengo que pasar a través de una para llegar a The Warren. Hablo por experiencia. Al igual que tú, solía examinar los pasillos de tiendas para mejoras del hogar en busca de las mejores semillas de hierba y me esforzaba por superar al jardín de mi vecino. También iba a reuniones de la Asociación de Propietarios y votaba para reemplazar el mantillo de la zona común del parque. También salía a caminar por la mañana con el cochecito del bebé y me quejaba cuando los autos bloqueaban la acera. Sin embargo, he llegado a ver las subdivisiones como «no lugares». Son comunidades sin comercio, aceras que no llevan a ningún lugar en particular, agrupaciones de casas y más casas que no forman una ciudad, lugares sin Lugar.

Pero no son solo las subdivisiones. Lo mismo pasa con los distritos comerciales rodeados por hectáreas de estacionamientos asfaltados. No importa si estás en el Portland de Maine o el Portland de Oregón; en Jacksonville en Florida, o en Jackson en Tennessee; verás las mismas cadenas de restaurantes de comida rápida, las mismas cafeterías y tiendas de departamentos, las mismas fachadas, la misma congestión de tránsito, una igualdad repetitiva y monótona. Como ya dije, al ser un músico itinerante, es reconfortante poder encontrar un Chipotle o un Target cuando lo necesitas, sin importar adónde estés. Sin duda, la conveniencia de la ubicuidad es atractiva. Pero cuando vuelvo a casa de uno de esos viajes, casi nunca le cuento a Jamie lo maravilloso que era el lugar donde estuve, porque podría haber estado a ocho kilómetros (cinco millas) de casa… a menos que me esfuerce realmente por encontrar el centro o los parques de la ciudad, o use Wikipedia para descubrir si hay algo que haga que ese lugar sea único.

Quiero dejar en claro que no estoy criticando a Estados Unidos. Este país, como ya dije, rebosa de historia, de belleza y de lugares con L mayúscula. He caminado junto a la ribera del río en St. Charles, Misuri, donde se embarcaron Lewis y Clark en su travesía hacia el oeste. He vagado por los senderos junto al río Reedy en Greenville, en Carolina del Sur. Me he maravillado ante los peces, las frutas y las flores en el mercado de Pike Place en Seattle y he salido a correr a través de la historia del viejo Richmond, Virginia. He caminado por los pueblitos resucitados de Chattanooga, Tennessee, y de Montgomery, Alabama. No son las ciudades con sus parques ajardinados, sus centros bulliciosos y sus distritos pintorescos lo que me cuesta amar. Tampoco me cuesta amar la tierra salvaje de Estados Unidos, desde el Gran Cañón hasta los Everglades y la Cordillera Azul. No, mi problema es con los lugares intermedios, los no lugares, la extensión de zonas suburbanas… donde muchos semejantes viven hoy en día.

He leído bastante sobre cómo llegamos aquí (*The Geography of Nowhere* de Kunstler; *Muerte y vida de las grandes ciudades*; de Jane Jacobs, *Sidewalks in the Kingdom* [Aceras en el reino], de Eric Jacobsen, por nombrar algunos), y, al igual que la historia de las sendas inglesas, es un tema complicado que no pretendo entender cabalmente. Sin embargo, puedo testificar como practicante (por así decirlo) de la ciudades norteamericanas, porque con el correr de los años, he visitado los cincuenta estados, ya sea caminando, conduciendo, volando, comiendo y conversando dentro de toda clase de culturas y subculturas.

Hace unos años, estaba en mi camioneta con mi amigo Caleb, camino a un espectáculo, y conducíamos por un camino angosto en alguna parte del sur del país. Él miró por la ventanilla y dijo algo como: «Siempre me alegro de salir de la autopista, porque me recuerda que esto (señaló una subdivisión seguida de otra, seguida de un páramos de árboles derribados a punto de transformarse en una subdivisión) es la mayor parte de Estados Unidos. No son las ciudades. Es esto». Nunca antes lo había pensado de esa manera, pero creo que tiene razón. En algún momento en el camino, alguien tuvo la idea de crear vecindarios de la nada, de hacer todas las casas más o menos iguales, colocarlos de tal manera que no hubiera ningún pueblo ni vida de ciudad a distancia a pie, y venderlos como la culminación de la buena vida. Ponemos los parques a unos cuantos kilómetros por aquí, los centros comerciales a otros tantos más por allá, el trabajo un poco más allá, y confiamos en que los autos nos llevaran adonde teníamos que ir.

Hace unos años, Jamie y yo estábamos en Yorkshire Dales, y nos estacionamos en un pueblito a almorzar en un bar. Tomé mi confiable mapa de Ordnance Survey y sugerí que saliéramos a caminar después de nuestro pastel de carne, así que Jamie y yo subimos por la colina más allá de los negocios y las cabañas antiguas de piedra, abriéndonos paso por las callecitas serpenteantes del pueblo para encontrar la puerta que se abría como un portal hacia el campo. Caminamos unos kilómetros, pasamos por las ruinas de establecimientos de la edad de hierro, junto a plantaciones de abedules y por valles verdes y cubiertos de hierba y páramos azotados por el viento. En el transcurso de varias horas, nos cruzamos con varios otros caminantes. Una mujer exclamó desde una elevación en el terreno a varios metros de distancia: «¿Les gustan las flores silvestres?».

«Por supuesto», respondí.

«Si siguen por este camino, estén alertas a las violetas del pantano a la derecha. Nunca antes vi tantas juntas».

En ese momento, un hombre apareció por arriba de la colina, nos saludó y dijo: «¡Cuántas violetas! Una belleza». Nos preguntó de dónde éramos, y hablamos sobre sus viajes a Estados Unidos. «Es un hermoso país», nos dijo. «Pero ¿han notado que siempre hay que conducir a alguna parte para llegar al campo? Nunca entendí eso. Aquí, se puede venir caminando desde la ciudad hasta esto». Nos señaló el despliegue de colinas y cercos de piedra. «Todas las semanas, paso horas aquí, y nunca me canso».

Hasta el día de hoy, nunca tuve una conversación con otro estadounidense sobre la profusión de flores silvestres a la vuelta del camino. No digo que no suceda; sencillamente, nunca me pasó a mí. Dicho sea de paso, las violetas eran bonitas, pero un tanto anticlimáticas. Cuando las vimos, el entusiasmo de los demás caminantes nos pareció un tanto desproporcionado. Pero después de reflexionar un poco, me resultó encantador su deleite por algo tan pequeño. Estaban atentos, vieron una belleza tranquila y quisieron compartir la noticia. El punto es que no había una gran distancia entre la vida de la ciudad y la vida del campo. Estaban uno al lado del otro, y cada uno era mejor por la cercanía del otro.

Esto me lleva de vuelta a aquel terreno de treinta y cinco hectáreas en Cane Ridge. Como ya dije, hay una vía verde junto a nuestro tramo del arroyo Mill que conecta varios vecindarios, con Lennox Village en un extremo y el parque Orchard Bend y sus campos de fútbol en el otro. Como Nashville tiene una vigorosa comunidad de inmigrantes, verás toda clase de gente, tribus y lenguas allí, paseando a sus perros y empujando cochecitos. Me encanta. Pero es casi imposible conocer a alguien, porque no hay lugar de encuentro, ninguna manera natural de compartir la vida. Estoy seguro de que, mientras escribo esto, los desarrolladores están mirando Google Maps y haciendo números, evaluando las posibilidades de negocios si compraran la tierra, talaran todos los árboles, la dividieran y la vendieran como otra subdivisión.

Hay un término para esta clase de tierra que describo: *terreno baldío*. No es tierra de cultivo. No es un bosque. No es un ecosistema de vida salvaje y aspectos naturales. Tan solo un terreno baldío. Un espacio en blanco en un diagrama, que debe llenarse con lo que vaya a producir más dinero. Me rompe el corazón. A solo unos kilómetros, unos amigos vivían en la granja más antigua que sigue en pie en el condado de Davidson, y tenía la distinción de haber sido designada una «granja centenaria», lo que significa que había estado dedicada a la producción agrícola por más de cien años. Con el tiempo, la vendieron, y estoy seguro de que con buena razón, y los desarrolladores están trabajando a toda marcha ahora talando todos los árboles, raspando cada lugar de esa granja y de la tierra para levantar un nuevo desarrollo comercial. Cada vez que paso por ahí, siento un dolor físico. En un arranque de dolorosa ironía, los desarrolladores le pusieron «Granjas centenarias» a lo que ahora es un yermo de excavadoras y zonas de detonación. De hecho, conozco a uno de los hombres que cerró el negocio, y es un tipo excelente; pero los negocios son los negocios, y esa bella hacienda estaba en el medio. Ahora, lo único que puedo esperar es que lo transformen en algo hermoso y bueno para la comunidad, y a decir verdad, quizás lo hagan.

Pero el terreno a lo largo del arroyo Mill está prácticamente en mi patio delantero (puedo verlo desde el porche), así que estoy desesperado por salvarlo de alguna manera. He llamado a amigos que son urbanizadores y les he rogado que me ayuden. Cada vez que paso con el auto, saco la mano y oro: «Señor, por favor, permite que el que compre esta propiedad haga algo bueno para la comunidad», Que sea un parque ajardinado junto al arroyo, con bancos y praderas de flores y lugares para hacer un pícnic. Que sea un lugar donde todas estas personas variopintas puedan unirse y aprender a vivir juntas en amor, y no miedo. Que la cultura humana eleve, en lugar de denigrar, lo que Dios hizo aquí. Que haya lugares para comer, para trabajar, para cultivar cosas. Que Cane Ridge sea más que un lugar que llenar al azar, sino un lugar lleno de vida... un lugar con una historia. A eso quiero llegar. Necesitamos historias; las historias necesitan lugares. Los lugares necesitan personas, y las personas necesitan hogares. Fuimos hechos para la comunidad, pero hay tantas cosas de este mundo de intermedios y no lugares que parecen estar diseñadas para impedir esto. La ausencia de comercio significa que caminar es tan solo para tomar aire fresco, sin un destino real. Significa que no hay ningún lugar para encontrarse por casualidad con los vecinos. La ausencia de comercio implica que no hay muchos extraños. Y eso lleva a temer a los extraños, y la presencia del temor es la ausencia del amor. Jane Jacobs señala que, en las ciudades, el crimen aumenta en los vecindarios más bonitos donde no hay comercios, y por lo tanto, hay menos gente. Piénsalo. Si estuvieras caminando en un concurrido mercado de productores, y doblaras por una calle donde no hay nadie más que otra persona, ¿te sentirías más o menos cómodo?

Por supuesto, hay un componente teológico en todo esto, y Eric Jacobsen escribe al respecto en *Sidewalks in the Kingdom*. En esencia, demuestra que la manera en que formamos nuestras ciudades, pueblos, infraestructura y hogares es un reflejo de lo que creemos respecto al florecimiento humano (y el florecimiento de la creación) como hijos de Dios. ¿Fuimos hechos para pasar tanto tiempo arriba de nuestro auto? ¿Fuimos hechos para consumir principalmente alimentos cultivados o procesados a miles de kilómetros de distancia? ¿Se supone que experimentemos solamente la maravilla de la creación en un parque nacional una vez al año, después de conducir cuatro horas en un feriado, o tal vez podríamos experimentarla en una caminata después de almorzar, al descubrir un campo de violetas silvestres? ¿Se supone que pasemos más tiempo en la sala de entretenimiento frente a una pantalla plana que en el jardín? Estas son buenas preguntas, y creo que Jacobsen nos da buenas respuestas.

Mi amigo Matt Canlis es pastor en el estado de Washington. Estudió con Eugene Peterson, quien le dijo que sería bueno que viajara a Reino Unido y aprendiera a ser pastor en una parroquia pequeña. Matt y su esposa Julie se mudaron a Escocia para hacer una licenciatura y vivieron en un pueblito escocés varios años. Matt hizo un cortometraje llamado *Godspeed* [A la velocidad de Dios] sobre lo que aprendió durante su tiempo allí. Había cierto romance inherente, pero no fue para nada fácil. En el cortometraje, Matt describe su primer día de trabajo en la iglesia. Le preguntó al pastor principal dónde estaría su oficina, y el pastor, desconcertado, respondió: «¿Oficina?». Después, llevó a Matt afuera y le mostró el cartel de la iglesia, donde figuraba el teléfono de la casa del pastor. Saludó con la mano al pueblo y dijo: «Esta es tu oficina. Conoce a la gente». Así empezó la educación de Matt de vivir a la velocidad de Dios. Jesús, excepto cuando montó un burrito, aparentemente caminaba a todas partes. Tenía tiempo para divisar las flores silvestres, conversar con Sus amigos y experimentar una cultura construida a una escala humana (en lugar de estar pensada para automóviles). Vivió Su vida a cinco kilómetros (tres millas) por hora. Si no viste *Godspeed*, te imploro que lo mires en línea e intentes aplicar su sabiduría a tu vida aquí y ahora.[17] He hablado con muchas personas que solían vivir en el exterior, y cuando les preguntaba qué extrañaban más, la respuesta casi siempre era:

---

17. https:// www.livegodspeed.org/watchgodspeed-cover

«Extraño caminar. Caminar al supermercado. Caminar a la iglesia. Caminar a la cafetería».

Por supuesto, incluso en la comunidad caminable más idílica, la gente sigue estando rota. El mundo sigue estando roto. Si pudiera chasquear los dedos y añadir una cafetería y una biblioteca en cada subdivisión de Estados Unidos (¡y cómo quisiera hacerlo!), seguiría habiendo problemas profundamente arraigados debajo. Pero si integráramos la belleza de la creación con la evolución de la cultura humana, ¿no estaríamos mucho más cerca de una visión de la nueva creación? Yo creo que sí. La historia de la redención termina con un árbol y un río *en* una ciudad. En otras palabras, la Nueva Jerusalén no será tan solo un matrimonio entre el cielo y la tierra, sino un matrimonio entre la naturaleza y la cultura. Tim Keller ha escrito mucho sobre las bondades de la ciudad, y en *Sorprendidos por la esperanza*, N. T. Wright presenta una visión de los cristianos trabajando en la plaza pública, en el planeamiento de comunidades equitativas, en la administración adecuada de los recursos naturales, como una manera de vivir como un pueblo de resurrección que sirve al Rey del cielo y la tierra.

Tal vez podríamos empezar pensando en nuestros vecindarios como lugares, en vez de no lugares. Camina por tu vecindario a la velocidad de Dios. Mantente atento a las violetas, y a los niños portadores de la imagen de Dios que también están desparramados por tu camino. Permite que el sueño americano sea reemplazado por un sueño del reino, donde cada centímetro cuadrado de la tierra le pertenezca a

Jesús, y formemos nuestras aceras y calles, nuestros hogares, granjas y restaurantes en consecuencia.

Y si eres un urbanizador y estás leyendo esto, hazme un favor y empieza con Cane Ridge.

Es tanto más que un «terreno baldío».

XII

A UN TIRO DE PIEDRA
DE JERUSALÉN

Gracias al corazón humano que nuestra vida impulsa,
Gracias a sus gozos, temores y ternura;
Para mí, la flor de todas la más insulsa
puede traer pensamientos que a
las lágrimas nos apuran.

—William Wordsworth

En el centro de Estocolmo, la *Gamla Stan* (la «Vieja Ciudad») es un laberinto abrumador de callecitas empedradas angostas y serpenteantes, con edificios pintados de suaves tonos tierra, estatuas magníficas y tiendas que venden de todo, desde helado hasta réplicas de espadas vikingas. En algunos lugares, es bastante turístico, pero como soy turista, no me molesta. Mi primera vez allí, terminé en un lugar que vende viejos mapas e impresiones, organizados por región. Fui directamente a la sección titulada *Småland* (literalmente, «tierra pequeña», que se refiere al sur boscoso y rural del país), donde nació mi bisabuelo. Antes de aquel primer viaje, había llamado a papá para preguntarle sobre dónde vivían nuestros ancestros, y lo escuché tarareando al otro lado de la línea mientras buscaba entre los papeles de su archivo de historia familiar. «Aquí dice que el papá de tu abuelo, Ernest, nació en un lugar llamado... Kalmar». *Kalmar.* Me alegró que fuera un nombre sólido y fácil de pronunciar. (Nota al margen: me gustó tanto que sonara como algo sacado de una novela de fantasía, ya que uno de los principales personajes de la saga de Wingfeather terminó con ese nombre. [Nota al margen de la nota al margen: al tiempo, me enteré de que Ernest era de un pueblito a las afueras de Kalmar, llamado «Kindbäcksmåla», el cual hasta el día de hoy apenas si puedo pronunciar, y no sonaba tan heroico como el otro]).

De vuelta al negocio del mapa. Encontré un grabado al aguafuerte de 1840 del castillo Kalmar que me dejó sin aliento. Me quedé ahí en el pasillo contemplando el castillo tan hermoso, con torres puntiagudas en las puntas, almenas robustas, ballesteras y un foso. El Mar Báltico se extendía detrás, y en primer plano, un campesino llevaba a una vaca en medio de unos árboles. La pintura databa de antes de la Guerra Civil Norteamericana, al menos sesenta años antes de que mi bisabuelo llegara al Nuevo Mundo. Pensé que así se habría visto el lugar cuando mi bisabuelo era un niño. Era un agricultor en Småland; sin duda, habría tenido razón para visitar Kalmar, y esto, *esto* fue lo que vio. Creció en un lugar con castillos de verdad. Estoy seguro de que me cobraron demasiado, pero compré el cuadro de todas formas. Está colgado de la pared en Chapter House.

Unos años después, pude hacer un espectáculo en Kalmar, así que le saqué una foto a la impresión antes de irme de casa; quería comparar la representación del artista con la imagen real. Mis anfitriones me llevaron a una hermosa posada a apenas unas cuadras del castillo, así que después de llegar, salí a dar una caminata para ver el lugar. En mi camino, pasé por un bello cementerio antiguo donde encontré muchas tumbas de los Peterson; algo interesante, aunque no significaba demasiado, ya que había millones de Petersons en Suecia. Pero después, llegué al castillo en sí. Era igual de bello de lo que sugería la pintura de 1840. Crucé el foso por un puente levadizo, pasé por la puerta bajo una compuerta de rejas y deambulé por las murallas, y contemplé más allá de los parapetos, hacia el melindroso Mar Báltico. Este lugar que tan solo había visto en mi imaginación (con la ayuda del grabado de un artista) era real. Me estaba desplazando por un cuadro al que había mirado durante años. Después de mi larga caminata por el complejo del castillo, fui en busca del lugar exacto desde donde el artista de mi cuadro se habría puesto a dibujar; en especial, para ver si los mismos árboles seguían ahí. Efectivamente, cerca de la garita de seguridad, encontré el lugar, levanté la imagen y ahí estaban. El mismo bosquecillo de árboles, ahora tres veces más grande, con sus ramas frondosas que formaban un túnel verde justo antes del puente levadizo. Eso significa que mi bisabuelo, y probablemente *su* padre, contemplaron esos árboles antes de que hubiera Volvos o tiendas de IKEA. Qué emocionante es cuando se chocan la imaginación con la realidad, como cuando Edmund y Lucy entran a la pintura en *La travesía del viajero del alba*.

Ahora, imagina esa sensación de entrar a una historia… y multiplícala por mil.

Eso es lo que se siente al visitar Israel.

Nos bajamos del avión en Tel Aviv y tomamos un autobús hacia el Mar de Galilea. Así de sencillo. Nada de armario mágico, nada de «la segunda estrella a la derecha y todo recto hasta el amanecer». Tan solo un avión desde Nueva York, y luego un autobús a diésel hasta un mundo maravilloso que te vuela el cerebro. En todo caso, eso fue lo que sintió este hijo de pastor del otro lado del mundo. Aquella noche en Tiberíades, varios de nosotros nos pusimos un traje de baño y fuimos a nadar a la medianoche al Mar de Galilea bajo las estrellas, en las mismas aguas donde Pedro pescó, donde Jesús durmió en medio de la tormenta y paseó sobre las olas. Sinceramente, nunca sentí algo tan mentalmente estimulante en mi vida como aquellos días que pasé ahí. La llaman la tierra «santa» con razón. Constantemente, me recordaba que no era un sueño o alguna simulación elaborada de realidad virtual, sino que era tan real como la encimera de mi cocina. En el autobús hacia Galilea, mi amigo Russ (que había vivido en Israel años atrás durante el seminario), señaló por la ventanilla y dijo: «Nazaret está a unos kilómetros hacia allá».

Miré más allá de la autopista hacia un desierto rocoso que no parecía ser muy diferente de todo lo demás. «¿Cómo lo sabes?».

«Porque he estado ahí», dijo encogiéndose de hombros. «Ahí es donde está».

Al mirar atrás, veo que todavía me costaba trasladar los mapas que había visto en la parte trasera de las Biblias a un ámbito tridimensional. Me costaba mucho creer que estábamos *en* el mapa, no tan solo viéndolo de manera objetiva desde arriba, sino en una autopista conduciendo hacia el oeste, así que Nazaret podía estar simplemente «ahí». Era exactamente lo opuesto de algo desorientador. Todas las historias que habían llenado mi imaginación de repente cobraron vida, y yo habitaba entre ellas. Me habría maravillado de igual manera que si Russ hubiera señalado más allá de las colinas y hubiera dicho: «Hobbiton está justo ahí, apenas después de Bree». Pero esto era *real*. Pasamos varios días en Galilea, desde la casa de Pedro en Capernaúm hasta una sinagoga del primer siglo descubierta recientemente en una excavación en Magdala (como en «María Magdalena»), donde Jesús sin duda había enseñado cuando «recorría toda Galilea enseñando en las sinagogas de ellos» (Mat. 4:23). Con la excepción de las ciudades de Tiberíades y Séforis, toda la zona alrededor del mar era agraria en la época de Jesús, lo cual ayuda a explicar el casi constante uso de metáforas de la tierra. Es más, los restos más antiguos de cultivos que se conocen en el planeta están ahí mismo, en las costas de Galilea. Me resulta fascinante que Dios eligiera nacer donde, hasta donde sabemos, la gente ha labrado la tierra desde antes que en todas las demás partes. Bien por encima del Mar de Galilea, sobre la ladera de una montaña donde se cree que Jesús pronunció el Sermón del Monte, leímos en voz alta cada pasaje y dedicamos algo de tiempo a deambular y reflexionar. Yo seguí un sendero a través de los matorrales hasta un lugar solitario y descubrí un lugar moderno de colmenas. ¿Alguna vez pensaste en que había apicultores en Galilea? La miel se menciona sesenta y una veces en la Escritura; mi instancia preferida es después de la resurrección, cuando los apóstoles le ofrecen a Jesús pez asado y miel. Sí, Juan el Bautista comía langostas y miel silvestre, pero el hecho de que se especifique que era «silvestre» sugiere que también había apiarios.

Caminamos bajo el sol abrasador entre higueras, olivos, acacias y eucaliptos, mientras contemplábamos la cordillera que nos rodeaba. Muchos se quejan de que Israel es decepcionante, lleno de turistas y de afirmaciones dudosas sobre dónde sucedió esto o aquello. Pero como escribió Henry Van Dyke (el compositor de la letra del himno «Jubilosos, te adoramos») en *Out-of Doors in the Holy Land* [Al aire libre en la tierra santa],

> *Hay cuatro cosas, yo sé, que no han cambiado en medio de todos los cambios que han ocurrido en la tierra perturbada y perpleja. Las ciudades se han hundido en el polvo; los árboles del bosque han caído; las naciones se han disuelto. Pero las montañas mantienen su contorno inmutable; las estrellas líquidas brillan con la misma luz, se mueven en los mismos caminos; y entre las montañas y las estrellas, hay otras dos cosas inmutables, frágiles e imperecederas: las flores que inundan la tierra cada primavera, y el corazón humano donde florecen las esperanzas y los anhelos y los afectos y los deseos en forma inmortal.[18]*

Si vas, mantén la vista en las estrellas, la forma de las montañas y las cosas que crecen sobre la tierra, es casi seguro que tu corazón humano florecerá con anhelos, afectos y deseos.

De todos los lugares en los que el Dios encarnado podría haber elegido para vivir, se decidió por un rinconcito de la creación donde la gente labraba la tierra, criaba abejas,

---

18. Henry Van Dyke, *Out-of-Doors in the Holy Land: Impressions of Travel in Body and Spirit* (Nueva York: Charles Scribner's Sons, 1920), 7-8.

cultivaba uvas, pescaba, transitaba sendas y vivía en una comunidad unida. Vivió cerca de la tierra, con una conciencia íntima de la manera en que cada cosa crece en su temporada, de la forma en que los humanos cultivaban y cuidaban Su creación. Qué deleite habrá sentido al sentir sobre Su piel la sensación de la madera, la piedra y el agua, al unirse a Sus hijos en la profunda satisfacción de «hacer algo de este mundo». Además, vale la pena aclarar, amaba la ciudad, tanto así como para llorar por la futura destrucción de Jerusalén. Así que nos fuimos de Galilea después de unos días y «subimos a Jerusalén», mientras nuestro autobús se esforzaba por subir las montañas empinadas y rocosas hacia el lugar precioso que una vez fue sede del lugar santísimo donde David bailó, donde asesinaron a Dios, y donde Él conquistó la muerte.

Nuestro hotel estaba apenas afuera de los muros de la vieja Jerusalén. Llegamos tarde, así que varios de nosotros fuimos a caminar a medianoche por el laberinto de calles y corredores de una de las grandes ciudades de la tierra. Una vez más, mi mente se expandía, tratando de superponer todas las historias que conocía con los caminos por los que transitamos aquella noche cálida. Era casi demasiado para soportar.

El día siguiente era viernes, así que la caída del sol marcó el inicio del sábat. A medida que el crepúsculo se intensificaba, fuimos al Muro de los Lamentos en el Monte del Templo, que es lo más cerca que pueden ir los judíos al sitio del templo hoy en día. Como era el comienzo del *Rosh Hashaná*, el Año Nuevo judío, las cosas eran más intensas de lo normal. Nuestro guía judío nos dijo que podíamos acercarnos al muro a orar, a unirnos al llanto o a la danza, a sumergirnos en la impactante maravilla del momento. «Es un día muy especial», dijo con una sonrisa. Entramos al patio y, por todas partes a mi alrededor, había hombres con rulos largos que les colgaban frente a las orejas, con la Escritura abierta en las manos, todos con túnicas largas y vaporosas, y recitaban las palabras de los profetas. Encontré una traducción al inglés y me paré junto al muro, uniéndome a ellos en su alabanza y lamento, en su anhelo por un nuevo templo. Sin tener que esforzarme, todos los afectos, los deseos y los anhelos de mi corazón se sintieron atraídos como por un imán poderoso a la persona de Jesús, a través del cual todas las cosas son hechas nuevas. Puse una mano sobre el muro y permití que mi imaginación floreciera como aquellos campos de flores silvestres en Galilea. Este era el Monte de Moriah, donde Abraham fue librado de sacrificar a Isaac gracias al carnero atrapado en un arbusto. Aquí fue donde Salomón completó el templo cuyos pilares eran granados, donde descansaba el arca del pacto, la misma arca que contenía los Diez Mandamientos, el maná y, sí, un árbol: la vara de Aarón que había reverdecido. No muy lejos de allí se encontraba el sitio donde se plantó el árbol de la crucifixión encima de la colina de la Calavera, y no demasiado lejos de donde fue plantada la raíz de David, la simiente de Abraham, y renació en un jardín. Allí fue donde, ante el triunfante «¡Consumado es!» de Jesús, el velo se rasgó en dos y Él nos abrió la puerta de la gloria, que conduce a Sus hijos a una Nueva Jerusalén, donde el árbol de la vida se extenderá sobre el río santo. Me sentí abrumado de amor y por el amor.

Estaba parado en medio de una tormenta de historias vivas. Las historias eran el viento y la lluvia y los truenos, y

Jesús era el rey de todo. El cuarto y último libro de la saga de Wingfeather fue el más difícil de escribir, porque, al igual que cualquier autor, estaba intentando no dejar cabos sueltos, darle una simetría agradable a toda la historia, de manera que el final satisficiera al lector al entrelazarse con el principio. A nadie le gusta una historia que no se mantiene unida. Así que fue como un narrador enclenque que me paré con la mano sobre el muro aquella tarde de sábat, y me quebré en adoración, exaltando con toda mi alma al Autor de la epopeya de la creación: una epopeya sostenida a la perfección con un nudo deslumbrante al cual llamamos Jesús. En toda mi vida, nunca lo anhelé tanto como en ese momento. Quería cantar para Él, darle gracias por entrar al mapa para conducir a Sus hijos a casa. Cuando era joven, le pedí a Dios que me permitiera contar Su historia, que le permitiera a Su hijo proclamar las obras del Señor a las naciones. Mientras lloraba en el Muro de los Lamentos, volví a rogárselo.

Sin embargo…

Al día siguiente, una vez más me acosaron la duda y el autodesprecio, y me sentí incapaz de un momento al otro de aceptar la realidad sencilla de que Jesús me ama, por más que la Biblia me lo dijera una y otra vez. Una cosa es pararse en admiración ante un rey santo en medio de la multitud; y otra muy diferente es ser abrazado por Su encarnación, por un rabino de un pueblito, con manos callosas y ojos tiernos. Me resulta sorprendente que, incluso después de experiencias sobre el monte como la que tuve en Jerusalén, siga acarreando tanto miedo, semejante propensión a la vergüenza. El Muro de los Lamentos me dio una nueva admiración por Dios el Padre, el Rey del universo. Pero Jesús no había terminado.

Nuestro grupo condujo hasta Belén, y miré al valle rocoso donde los ángeles se les aparecieron en gloria a los pastores. Una y otra vez, mi propia historia rota se aparecía ante mis ojos, y me costaba creer que este poderoso Dios hecho hombre que permitió que los niños se acercaran a Él también me lo permitiera a mí.

Hace unos años, nuestra iglesia organizó una noche de oración y lectura de la Escritura llamada *lectio divina* (literalmente, «lectura divina»), en la cual se leía un pasaje de la Escritura cuatro veces; cada vez, permitiendo que las palabras, las frases o las imágenes que te saltaban a la vista guiaran tus oraciones. El pasaje que leímos fue el de Mateo 19, donde los discípulos reprenden a los que llevaban a sus hijos para que Jesús los bendijera. Por supuesto, Jesús reprende a los reprensores y recibe con brazos abiertos a los niños. Después de varias lecturas, el pastor nos preguntó en dónde nos veíamos en esa historia. Mientras escuchaba las respuestas de los demás, se me encendieron las mejillas y se me llenaron los ojos de lágrimas, porque me imaginé en aquella historia como el niñito de Illinois, arrastrado desde los bosques de Florida, un niño manchado por sus propios pecados. Vi a aquel niño escondido detrás de las piernas de sus padres, con temor a que lo vieran, mientras los demás niños se acercaban al dulce pastor. Ese niño quiere estar cerca de Jesús, pero su temor al rechazo se lo impide. Pensar en que esos ojos tiernos y marrones se posen sobre él lo llena de anhelo y terror a la vez, así que se esconde, incluso mientras sus padres lo animan a acercarse. Escribí este soneto cuaresmal al respecto aquella noche.

«Dejad a los niños venir a mí»,
dices. Pero yo me quedo atrás. Mis padres lo intentan.
Me empujan suavemente y sisean órdenes severas en mi oído,
Pero mis sandalias no se mueven. Petrificado,
Vacilo mientras los otros se acercan. Tú bendices
A cada uno por turno, colocando tu cálida mano
Sobre sus cabezas, hablándoles con amor
A medida que se acercan, sin temor, ansiosos por estar
Cerca de ti. Pero yo conozco mi propio corazón desgraciado.
Sé que, cuando me veas, también lo conocerás.
Tus ojos ven todas las cosas. Te irás con una mirada
De desilusión, ¿no?
No mires, Señor. Permíteme esconderme en esta sombra.
Eres demasiado bueno. Yo soy demasiado malo. Pero, por
*   favor, no te vayas.*

Así me sentía en el Muro de los Lamentos. Abrumado ante la gloria de Dios, pero a una distancia segura. Quería contemplar, sin que me abrazaran. Estaba bien que Dios me viera como un mapa, pero me aterraba que entrara a mi terreno y vagara por las sendas de mis colinas destruidas. Por favor, Jesús, por ahora, permíteme deambular por el bosque tranquilo de tu bondad, viendo pero invisible. Sabiendo lo que sé de Él por los Evangelios, no es razonable, pero llevaba en mi pecho una piedra de terror de que la mirada deslumbrante del amor cayera sobre mí y luego se apartara con aversión.

Pero eso fue antes de que fuéramos a los árboles.

Desde Belén, fuimos al Monte de los Olivos. Desde allí, tienes la vista quizás más conocida de Jerusalén: los muros de la ciudad, la Cúpula de la Roca, los escalones al sur, toda esa piedra labrada que resplandece con destellos dorados bajo un vívido cielo azul. Sacamos fotos y nos reímos con deleite de un camello que pasaba por ahí, después observamos discretamente un funeral judío, con los dolientes todos de negro entre las tumbas blancas que se extendían como la nieve por el Valle de Cedrón. Sabía que el Huerto de Getsemaní venía a continuación, y me preparé para la posibilidad de no sentir nada. Después de todo, sabía que no necesariamente era el mismo jardín. Dos mil años son un largo tiempo para que las cosas cambien, así que tienes que dejar que los lugares tradicionales informen tu imaginación, y no detenerte demasiado en cuestiones específicas. Pero, aun así, seguramente pasó *en alguna parte* ahí cerca, y eso es maravilloso.

Caminamos por una senda montaña abajo y entramos a una arboleda sombreada de antiguos olivos. Tenían troncos fornidos y nudosos, que se retorcían hacia arriba a las ramas extendidas. Las hojas grisáceas estaban quietas en el aire cálido y sin viento. Muchas personas daban vueltas por el lugar, pero nadie se atrevía a hablar más fuerte que un murmullo. Los árboles estaban rodeados por un cerco de hierro, así que encontré un lugar para arrodillarme, extendí la mano y sentí la piel rugosa de un árbol que había estado creciendo allí hacía mil años. A hurtadillas, saqué unas cuantas hojas de una rama y me las metí en el bolsillo. Después de todo el ajetreo de Jerusalén, del traqueteo de los autobuses y la cercanía constante a otras personas, no me había dado

cuenta hasta ese momento de cuánto extrañaba los árboles:
su cubierta silenciosa de hojas, su presencia atemporal y
reconfortante.

Me vino a la mente The Warren, y sentí que el corazón
me dolía por mi esposa y mis hijos tan lejos, por el bosque
lleno de almeces y enebros de Virginia, cuyos nudos y ramas

bajas conocía tan bien. Aunque mi imaginación se había ido expandiendo con cada dimensión nueva de entendimiento durante mi tiempo en Israel, la repentina sensación familiar del tronco de un árbol me infundió una profunda calma. Esto era algo que conocía. Mi mente descansó. Recordé que, aunque estaba muy, muy lejos, este era el mismo mundo que el de The Warren, y enseguida, la serenidad de la hoja y la rama, la raíz y el tronco, me calmó. El Dios imponente del Muro de los Lamentos parecía permanecer al otro lado del valle como una columna de fuego, con Su presencia tronando dentro de los muros de la ciudad, mientras que en este pequeño huerto de olivos (incluso en medio de una multitud que susurraba), sentí una dichosa soledad: el regalo silencioso del árbol para pensar, los arces grande y pequeño, los nogales en Shiloh, el bosque Warren, la arboleda encantada de robles donde deambulaban los ciervitos.

Todavía de rodillas y con la mano en el olivo, abrí mi Biblia y susurré el Salmo 22 en voz alta... para mis adentros y para mi Dios. Necesitaba recordar Su pasión, el terror que lo había llevado aquí, con una profunda tribulación de espíritu; aquí, donde Jesús (la Raíz, la Semilla, la Vid verdadera, el Árbol de vida) se metió entre los árboles a orar a Su Padre.

Mientras leía, Jesús se dio a conocer en mi propia historia. Quiero ser claro, de ninguna manera estaba comparando mi propio sufrimiento con el de Él. Sería insensato comparar la peor de las pruebas humanas con la terrible oscuridad que Él soportó, conformada de realidades físicas y espirituales. La Bendición bebió hasta el fondo la copa de Maldición. Al que no cometió ningún pecado, *se hizo* pecado por nosotros.

No es que sufrimos como Él, sino que Él decidió sufrir por nosotros. Él entró a nuestra muerte para que nosotros pudiéramos entrar a Su resurrección. En medio de Su agonía, la nuestra encuentra significado y redención; nuestro dolor es incorporado en la marea del de Cristo, y llega limpio a la orilla de la gloria. Fue debajo de las ramas de los olivos en Getsemaní que la mirada de Jesús por fin se posó sobre el niño asustado.

> *¡Dios mío, Dios mío! ¿Por qué me has desamparado?*
> *¿Por qué estás tan lejos de mi salvación*
> *y de las palabras de mi clamor?*
> *Dios mío, clamo de día y no respondes;*
> *clamo de noche y no hay sosiego para mí.* (Sal. 22:1-2)

Recuerdo estar acostado en mi catre, en medio del silencio vasto y sepulcral del monasterio, dando vueltas sin poder dormir, profundamente perturbado en espíritu.

> *Pero tú eres santo.*
> *¡Tú, que habitas entre las alabanzas de Israel!*
> *Nuestros padres esperaron en ti:*
> *Esperaron, y tú los libraste.*
> *Clamaron a ti, y fueron librados;*
> *confiaron en ti, y no fueron defraudados.* (vv. 3-5)

En aquellos largos días de la noche oscura de mi alma, me quedaba sentado en la iglesia mientras los santos cantaban himnos y sentía la terrible soledad de las multitudes felices. ¿Por qué no podía unirme a ellas? ¿Por qué habían sido rescatadas y yo no?

> *Pero yo soy un gusano y no un hombre,*
> > *objeto de la afrenta de los hombres y despreciado del pueblo.*
> *Todos los que me ven se burlan de mí.*
> > *Estiran los labios y mueven la cabeza diciendo:*
> *«En el SEÑOR confió;*
> > *que él lo rescate.*
> *Que lo libre,*
> > *ya que de él se agradó».* (vv. 6-8)

Pensé en las voces demoníacas que me provocaban y llenaban mi cabeza de mentiras, con tanta fuerza que siempre les creo: «Estás roto más allá de toda reparación. Destrozas a todos los que amas. El Dios al que dices amar nunca podría amarte, y si pudiera, ni se molestaría en hacerlo».

> *Pero tú eres el que me sacó del vientre;*
> > *me has hecho estar confiado desde que estaba a los pechos de mi madre.*
> *Sobre ti fui echado desde la matriz;*
> > *desde el vientre de mi madre tú eres mi Dios.*
> (vv. 9-10)

Mis padres me vestían bien los domingos, me llevaban por el estacionamiento de gravilla desde la casa parroquial hasta la iglesia. Me imprimían las palabras de la Escritura y

hablaban de ellas cuando me acostaban, cuando me despertaban para desayunar, cuando caminábamos por las calles de
Monticello hasta la heladería sobre la plaza.

> *No te alejes de mí,*
>> *porque la angustia está cerca*
>> *y no hay quien ayude.*
> *Muchos toros me han rodeado;*
>> *fuertes toros de Basán me han cercado.*
> *Contra mí abrieron su boca,*
>> *como león voraz y rugiente.*
> *Soy derramado como el agua;*
>> *todos mis huesos se han desarticulado.* (vv. 11-14a)

Recuerdo dar un puñetazo a la pared en el armario de mi
habitación, y el hematoma en los huesos de mi muñeca a la
mañana siguiente. Ah, cómo se reía la oscuridad.

> *Mi corazón está como cera*
>> *y se ha derretido en medio de mis entrañas.*
> *Mi vigor se ha secado como un tiesto,*
>> *y mi lengua se ha pegado a mi paladar.*
> *Me has puesto en el polvo de la muerte.* (vv. 14b-15)

Sobre el piso del armario del portero en Carolina del
Norte, sollocé durante horas, sin poder levantarme del suelo.
Tenía tanta sed que me quedé sin voz, pero no encontraba
fuerzas para levantarme.

> Los perros me han rodeado;
>> me ha cercado una pandilla de malhechores,
>> y horadaron mis manos y mis pies.
> Puedo contar todos mis huesos;
>> ellos me miran y me observan.
> Reparten entre sí mis vestidos,
>> y sobre mi ropa echan suertes. (vv. 16-18)

¿Cómo es posible que no te vea, precioso Señor, colgado del árbol?

¿Cómo puedo no estremecerme ante la injusticia de tu horrible muerte?

> Pero tú, oh SEÑOR, no te alejes.
>> Fortaleza mía, apresúrate para ayudarme.
> Libra mi alma de la espada;
>> libra mi única vida de las garras de los perros.
> Sálvame de la boca del león
>> y de los cuernos de los toros salvajes. (vv. 19-21)

Para todo esto, no tengo adónde acudir más que a ti. Cuando todos los amigos tienen el rostro de un extraño y el dolor es una cavidad innombrable en mi corazón, cuando estoy solo en el bosque oscuro, mi único consuelo es la luna. Desde alguna parte de allá arriba, la luz se derrama entre las ramas huesudas y lleva mis ojos al cielo. Tú, querido Jesús, conociste el clamor desesperado de la noche sin amigos, y te aferraste a la voluntad del Padre.

Anunciaré tu nombre a mis hermanos;
  en medio de la congregación te alabaré.
Los que temen al SEÑOR, alábenle;
  glorifíquenle todos los descendientes de Jacob.
Teman ustedes, todos los descendientes de Israel.
Porque no despreció ni desdeñó
  la aflicción del afligido
ni de él escondió el rostro.
  Más bien, le oyó cuando clamó a él. (vv. 22-24)

El amor conquista lentamente, como los retoños que se abren paso empujando el lodo. Tan solo en retrospectiva podemos ver el amplio y fluido verde de primavera como una explosión de vida. ¡Mira atrás! Él siempre estaba viniendo, siempre estaba ahí...

Tuya es mi alabanza en la gran congregación.
  Mis votos pagaré delante de los que le temen.
Los pobres comerán y serán saciados.
  Alabarán al SEÑOR los que le buscan.
  ¡Que viva su corazón para siempre! (vv. 25-26)

... y al final, Él siempre sería el Señor de la noche, el Rey de la mañana, el Jardinero de los robles, el Germinador, el Labrador del suelo del corazón, el Segador de la cosecha alegre. Nunca estuve abandonado, tan solo arado por el Segador para que pudiera llevar buen fruto. ¡Sigue adelante, hermano! ¡Levántate, hermana! Ve a los campos. Mantén tu promesas. Madura y regocíjate.

Ellos se acordarán y volverán al SEÑOR
 de todos los confines de la tierra.
Delante de ti se postrarán
 todas las familias de las naciones.
Porque del SEÑOR es el reino,
 y él se enseñoreará de las naciones.
Ciertamente ante él se postrarán todos los ricos de la tierra.
 Se doblegarán ante él todos los que descienden al polvo,
 los que no pueden conservar la vida a su propia alma.
La posteridad le servirá;
 esto le será referido al SEÑOR por generaciones.
Vendrán y anunciarán su justicia
 a un pueblo que ha de nacer:
«¡Él hizo esto!». (vv. 27-31)

Vi con ojos nuevos lo que Cristo había hecho, y por qué. Vi que Él me ve, y que no me dará la espalda. Allí en el huerto de olivos, mi temor se fue. Su voz fue clara y tranquila:

Te amo.
Déjame amarte.

Por fin, me abrí paso a través de los padres amontonados alrededor del rabí, apoyé la cabeza sobre Su falda cálida y lloré mientras Él me ponía Su dulce mano en la cabeza y hablaba la bendición que era mía antes de que me entretejiera en el vientre de mi madre.

Él me ha plantado y me ha hecho suyo. Alimentado por las suaves aguas de Su Espíritu, le ruego por fe que me pode como Él quiera, que me ayude a crecer a lo alto y a lo ancho, iluminado por el sol para poder llevar Su fruto eterno hasta el día perpetuo de la nueva creación.

Y yo daré testimonio.

Hablaré de Sus obras.

EPÍLOGO

Es invierno. Escucho un viento fuerte en la noche más allá de la ventana, gime por lo bajo como un motor de avión distante, y se me ocurre que los árboles están hablando. Sus ramas se sacuden y se doblan ante el frente frío que arrasa Tennessee. En Chapter House, hay un clima cálido, mientras las brasas de un fuego cansado crujen como en código morse en la chimenea a mi lado... una vez más, la voz de los árboles. La temperatura fue bajando todo el día, así que los huesos de madera de esta casita se contraen, haciendo que el techo con paneles de madera cruja de vez en cuando. Cuando entré recién, con los hombros encogidos hasta las orejas del frío, cerré la puerta abovedada que un amigo fabricó con la madera restaurada de un granero, y los cuadros de madera sobre la pared se estremecieron; uno de ellos, la pintura del siglo XVIII del castillo de Kalmar (impresa sobre pulpa de madera, por supuesto). Me sacudí los pies sobre el piso de madera dura, y los árboles volvieron a hablar.

Los estantes de madera que construí con tablas de pino sostienen cientos de libros: Sayers, Chesterton, Lewis y Tolkien; Wordsworth, Coleridge, Wilbur, Merton y Berry. Los árboles hicieron la pulpa que se utilizó para las páginas (también conocidas como hojas), donde las palabras se preservaron, se imprimieron y se encuadernaron; cada libro es el fruto de la labor de una vida. Hay diarios llenos de ideas para canciones: las líneas malas tachadas y reformuladas, garabatos y oraciones preservados en papel. Las paredes alrededor del escritorio de redacción están cubiertas con dibujos hechos con lápices de madera (no hay otro aroma como el de las virutas de lápiz cuando caen desde el sacapuntas al cesto). Esos dibujos son mayormente de árboles, sobre papel de boceto (una vez más, hecho de árboles). Sobre la repisa de la chimenea, hay una colección de viejas pipas de fumar hechas de madera de brezo. Compré una de ellas en un concurrido mercado bordeado de árboles en Bordighera, Italia, frente a la casa de George MacDonald, y me susurra una historia de Escocia y el viento norte y el viaje de mi familia hacia el sur, a Italia, desde los boscosos Alpes suizos.

A mi derecha, sobre la mesita de madera junto a la silla, hay una Biblia negra de cuero con mi nombre grabado en la esquina inferior derecha de la tapa. Las muchas páginas en su interior contienen una traducción de la Palabra de Dios, la Palabra que les dijo a los árboles que existieran en primer lugar, y aquellas palabras cobran vida mediante un viento santo que sopla por las hojas del libro. Aquella Palabra viva plantó una semilla en mis padres, una semilla que cayó en buena tierra, y ellos a su vez plantaron en mí y en mis hermanos una historia que se arraigó en la imaginación sobre un árbol en un jardín, un árbol sobre una colina de muerte, y un árbol en una ciudad celestial. Esos árboles llenan mi corazón y mi mente, y mantienen mi brújula apuntada al reino. Aquí en Chapter House, en el rincón oscuro del bosque Warren, los árboles me hacen compañía y me brindan su calor.

Los árboles me sostienen.

El jardín afuera de mi ventana duerme; no está muerto, porque sé que los bulbos de los tulipanes y jacintos, los narcisos y los crocus ya están asomándose entre el mantillo, practicando con paciencia la resurrección. Hay una energía tangible en las ruinas marrones y frágiles del jardín del año pasado, porque he visto cómo ese pedacito de tierra se renueva en primavera, y la primavera ha empezado su adviento inexorable. Sé que se acerca, y mi cuerpo la anhela. Cuando mis pasos crujen sobre el camino de gravilla mientras atravieso el arco y vuelvo a la casa, mi mente zumba con la imagen de lo que ese jardín fue, y lo que volverá a ser. Lo he labrado, en días calurosos y fríos, apilando piedras y esparciendo el abono, desmalezando y plantando, esforzándome por traer orden a esta tierra salvaje, para hacer algo del mundo donde Dios nos ha plantado a mí y a mi esposa. Este jardín me mantiene despierto a la necesidad de esperanza, y me mantiene humilde porque nunca termino de aprender ni de trabajar.

Este jardín me sostiene.

La luna llena se eleva sobre la colina detrás de The Warren, destellando a través de los dedos largos de los almeces y los olmos, y arrojando su luz fría sobre el campo donde los viejos y fornidos robles blancos duermen en el viento, hasta el valle donde el arroyo Mill se desliza en silencio sobre las lajas de piedra caliza. Desde el porche delantero, me vuelvo a mirar la masa nebulosa e iluminada por la luna de la ladera distante, donde el valle se eleva por encima del agua, y sé que los urbanizadores ya le han echado el ojo a todas esas hectáreas arborizadas. Para ellos, es una manera de hacer dinero, pero yo quiero que hagan una comunidad. Una vez más, oro para que la persona que compre esa tierra se interese más en los siglos que vienen que en el próximo informe trimestral. Que construyan algo bueno y hermoso, algo que envuelva a estas familias diversas en el encanto de Cane Ridge, en lugar de alejarlas cada vez más mediante la desgracia sosa, inhóspita y corta de vista de más y más subdivisiones con ningún lado adonde caminar. Necesitamos algo más que casas; necesitamos hogares, en lugares que podamos amar. Oh, Señor, que puedan construir algo que transforme a Cane Ridge en un *lugar*, donde sea fácil amar este arroyo, caminar por estos valles, conocer a estos gloriosos humanos que viven y se mueven y existen aquí. Espero ver el reino aquí en la tierra como es en el cielo, incluso en la manera en que planeamos nuestras calles, sendas y comunidades. Es una posibilidad muy remota, pero conservo la esperanza.

La esperanza me sostiene.

Le doy la espalda a la noche borrascosa y vuelvo a entrar, cerrando con suavidad la puerta porque sé que Jamie está durmiendo. Los niños ya crecieron, y ahora somos solo nosotros dos. Empiezo la rutina de cerrar la casa: me lavo los dientes mientras voy de puerta en puerta, asegurándome de que todo esté bien cerrado, apagando las luces y verificando que la pantalla de la chimenea esté cerrada. Apago la última luz y me quedo ahí en la oscuridad, cepillo de dientes en mano, apreciando la incandescencia roja y crujiente de las brasas, que era invisible hasta el momento. Árboles, gastándose para mantener caliente esta casa (y a mi esposa, que sufre mucho el frío). Sin duda, no soy el único en hacer esta clase de pausa y deleitarse en la belleza elemental de un fuego en la chimenea, que ilumina la oscuridad profunda de una casa durmiente.

Con desgano, me dirijo a enjuagar mi cepillo de dientes antes de irme a la cama. Mientras me deslizo al mundo de los sueños, oro por mis hijos, mi familia extendida, mis amigos. Algunas noches, cuesta creer en algo. Pero en noches como esta, siento la calidez de mi esposa dormida, escucho el crujir ocasional del fuego en la otra habitación, mientras el viento aúlla en los aleros, y siento Su bondad y Su mirada. Él está ahí, escuchando. El sonido del tren lejano mientras retumba por Antioch, siguiendo el andén junto al arroyo Mill, inclina mi atención a la noche más allá de la ventana, y a la luna y el viento y los perros que ladran. Vuelvo a sentir la tranquila paciencia de las nepetas, las campanillas de invierno, las milenramas y las raíces de los ásteres en el jardín, apenas a nueve metros (diez yardas) de mi cama; pimpollos esperando la primavera, en el exilio del invierno, para volver a abrir las puertas al Edén.

Con cada momento que pasa y el tiempo se va desenvolviendo, la Palabra creativa de Cristo sigue declarando que Él es el Rey de todo. La Palabra sigue hablando, y el universo gira. Si Él se detuviera, no nos enteraríamos, porque no quedaría nada de nosotros para enterarnos. Pero Su amor sigue pronunciando la primavera, articulando el nacimiento, enunciando nubes de lluvia, recitando caudales de néctar como un poema, dirigiendo la orquesta del tiempo de un momento al otro (los árboles aplauden, los arrayanes estallan en flores, las uvas maduran en la vid, la tierra se inclina lo suficiente como para oscurecer el hemisferio norte y encender las hojas de los arces, los copos de nieve se apilan precariamente encima de las ramas altas, las secoyas se disparan hacia el cielo y se inflan como globos), todo porque Jesús lo dijo. Él mantiene todo en movimiento, sostiene todas las cosas porque nos ama. El amor es Su gloria, y Su gloria es nuestro gozo. Sigue haciendo que la historia avance hasta que llegue a su magnífico fin. Hasta entonces, hace que nuestro pecho siga ardiendo con cada martillazo de belleza, nos mantiene hambrientos para la fiesta de bodas con cada eucaristía, cada reunión de los santos. Incluso en el dolor, la muerte y el peligro,

mantiene nuestro final a salvo como casas en la promesa de que la aflicción ahora es una contramelodía para el inminente sonido gozoso de la trompeta.

Mientras me voy durmiendo, permito que la mente se deslice por nuestra casita, hasta la ráfaga de viento que peina las copas de los árboles, donde puedo ver la luz de luna resplandeciendo sobre el hilo plateado del arroyo, mientras serpentea entre las colinas misteriosas hasta el río Cumberland. Sigo subiendo y subiendo, hasta lo último de la atmósfera, hasta que veo cómo la Tierra se va alejando, con toda su angustia y esplendor, y más allá del sistema solar y el mundo salvaje, las galaxias vertiginosas, hasta que por fin me imagino que atravieso las paredes del universo, donde el tiempo y el espacio están sostenidos como un libro en las manos de Jesús. Él me muestra el final, mientras los ojos le brillan.

«He aquí yo hago nuevas todas las cosas».

Me despierto y es de mañana, y el sol ha asomado por la colina y baña el arco de piedra con sus rayos amarillos. Vuelvo a levantarme para trabajar y mantener este jardín, porque el amor me sostiene.

CONCLUSIÓN

Suponiendo que estés leyendo una versión impresa de este libro (espero que sí), tienes en tus manos algo hecho de árboles. Este es el fruto de un año de trabajo, por no mencionar los muchos años de los árboles (¿tal vez provenientes de la papelera cerca de la casa de mis padres en Lake Butler?), que crecieron desde retoños hasta transformarse en pinos delgados y maduros hasta su cosecha papelera, y espero que estos capítulos den su propio fruto en ti.

Al menos, espero que este libro te ayude a ver lo maravillosos que son los árboles. Eso es todo. Están por todas partes y es fácil desestimarlos, pero fueron hechos por Dios para ser buenos por su fruto o simplemente bellos para contemplar. Ahí mismo en Génesis 1, Dios hizo los árboles y validó la belleza por el solo hecho de la belleza. Dedica tiempo para permitir que tus ojos se asombren ante sus ramas inclinadas y sus troncos desgreñados, sus pétalos blancos en primavera y su resplandor encendido en otoño. Esto es un puro regalo, directo desde la mente de Jesús. La próxima vez que comas una manzana o una nuez, comprueba y ve que el Señor es bueno. Cuando hagas una caminata, mantente alerta a los árboles más antiguos. Aprende sus nombres. Detente a tocar la corteza. Considera su cualidad atemporal y recuerda que estaban aquí antes que tú. Lo más probable es que sigan estando aquí después que tú. Trátalos en consecuencia.

En segundo lugar, espero que recuerdes que los árboles son testigos. A la hora de hacer el duro trabajo de la reminiscencia, no tenemos demasiado con lo cual trabajar. La mayoría de nuestros recuerdos se desvanecen, y la línea del tiempo de lo que sí recordamos se va confundiendo a medida que envejecemos. Pero los árboles nos dan un asidero. Piensa en los árboles que recuerdas, y si en algo te pareces a mí, resultarán ser sabios y bondadosos guardianes de tus días, desentrañando recuerdos que habías olvidado. Al igual que Abraham, tal vez incluso te encuentres con el Señor allí.

En tercer lugar, más allá de cuál sea tu trabajo, encuentra la manera de ensuciarte las manos. La mayoría de nosotros tiene acceso a unos pocos metros cuadrados de tierra. Aprende a cultivar algo. La jardinería es una personificación de la esperanza. Tal vez la consideres un pasatiempo para los ancianos y los ambientalistas, pero no es así. En un sentido literal, es fundamentalmente aquello que fuimos creados para hacer y ser. Si, como yo, luchas con alguna medida de depresión o melancolía, estoy convencido de que es una buena medicina.

En cuarto lugar, como sugiere el título del ensayo de Jane Jacobs, «Las ciudades son para las personas», la tierra misma fue hecha para las personas. Este mundo le pertenece al Señor, y si eres cristiano, también le perteneces a Él. Tenemos el mandato de cuidar el lugar, y la Escritura nos dice que el amo de la casa va a regresar. Esto es más que una inquietud ambiental (aunque, sin duda, también lo es). Se extiende a la manera en que construimos cosas, a cómo nos desplazamos y nos conducimos en la vida. Si Dios quiere que florezcamos, nos ponemos en riesgo al desestimar el florecimiento de Su creación. La infraestructura, el planeamiento urbanístico, el cuidado de la creación, la justicia, la buena vecindad y la mayordomía de los recursos son todas inquietudes teológicas.

Más que nada, espero que encuentres en mi historia lo suficiente de la tuya para que tú también te atrevas a creer que Jesús es Dios, y que te ama. Si eres uno de esos niños escondido entre la multitud y con temor a acercarte al buen rabí judío para recibir Su bendición, no tengas miedo. Él te ama. Permítele que te ame.

El templo de Dios es el lugar donde se encuentran la tierra y el cielo. Esto es cierto de Jesús, el cual se llamó a sí mismo el templo; y mediante la llenura de Su Espíritu Santo, ahora también es cierto sobre nosotros. Cada hijo de Dios que va por su vecindario es un templo, un lugar donde convergen la tierra y el cielo, una casa cuyas raíces terrenales beben del río de Dios, y cuyas ramas respiran Su aire celestial. Se acerca el día de la boda, en el que la Nueva Jerusalén descenderá, veremos el rostro de nuestro verdadero Rey y por fin conoceremos la plenitud del tiempo, del lugar y, por sobre todo, del amor. Vivamos anclados en la seguridad de ese amor, al trabajar y cuidar lo que tenemos a nuestro alcance, por el bien de Su creación y la gloria de Su nombre.

Excava hondo. Extiende tus ramas. Lleva fruto.

RECONOCIMIENTOS

A principios del temido año 2020, me comprometí a escribir este libro sin una idea clara de lo que sería. Lo único que sabía era que no podía tocar música y que tenía una fecha de entrega. Un pequeño grupo de escritores que estaban en distintas etapas de sus propios proyectos se pusieron de acuerdo para reunirse semanalmente, no para criticar sino para darse ánimo unos a otros y conversar. (Cuando estás intentando escribir, ayuda de vez en cuando sentirse un escritor). Gracias a mi hermano A. S. «Pete» Peterson, a Jonathan Rogers, Randall Goodgame, Doug McKelvey, Jennifer Trafton, Russ Ramsey y Steve Guthrie por escuchar mis ideas divagantes sobre árboles y animarme a escribir este libro. Jonathan y Pete leyeron un borrador temprano y me dieron las agallas para cortar el capítulo en el que más trabajé, lo que, por supuesto, mejoró muchísimo el libro. (Cuando estás intentando escribir, ayuda de vez en cuando hacer el trabajo de editor). William Thomas Okie, un profesor, autor y experto en árboles, oriundo de Georgia, se enteró de que estaba escribiendo un libro sobre los árboles y me envió un correo electrónico con algunos recursos sumamente útiles. Fue tan amable de leer un borrador temprano y me ayudó a ver de qué se trataba realmente este libro. Gracias, Tom, por esa gran bondad. Este libro no existiría sin Tim Mackie, Jon Collins y el increíble equipo de *Bible Project* (www.bibleproject .com), que dedicó diez episodios de su *podcast* a la importancia de los árboles en la Escritura. Muchas gracias a mi editor

Devin Maddox y al equipo de B&H, por darme una gran excusa para pensar en árboles durante un año. Es un regalo trabajar con un equipo tan generoso. Stephen Crotts es uno de mis artistas y banjista favoritos del mundo, y es un honor tener otra de sus obras agraciando la portada. Gracias, Stephen, por captar a la perfección nuestro jardín delantero en The Warren, y por cambiar el jilguero por un sotorrey; un sotorrey que me gusta pensar que volvió después de un largo invierno a anidar en el hueco de un roble. Gracias a Christie Bragg por más de dos décadas de colaboración. Le mostré a mi hijo Aedan cómo dibujar cuando tenía diez años, y desde entonces, ha sido mi maestro. Gracias, amigo. Algún día seré la mitad de bueno de lo que eres. The Warren no sería lo que es hoy sin que la infancia de Aedan, Asher y Skye hubieran llenado los árboles de risas, historias y paz. Le probaron a su padre que en esta vida es posible ser conocido y amado. Por último, gracias a Jamie, mi esposa, por veintiséis años de ánimo, afecto y paciencia.

SOBRE EL AUTOR

A ndrew Peterson es un cantautor y escritor galardonado. El segundo libro de su saga de *Wingfeather*, *North! Or Be Eaten* [¡Al norte! O nos comen] (2009), ganó un premio Christy por ficción para jóvenes adultos, y el cuarto, *The Warden and the Wolf King* [El guardián y el rey lobo] (2014), ganó el premio al libro para niños del año de la revista World en agosto de 2015. En este momento, se está produciendo la primera temporada de la serie animada de la saga *Wingfeather*.

En 2008, impulsado por un deseo de cultivar una comunidad artística cristiana sólida, Andrew fundó un ministerio llamado *The Rabbit Room*, al que llevó a una conferencia anual, así como a un sinnúmero de conciertos y simposios, y que después se convirtió en Rabbit Room Press, que hasta la fecha lleva publicados treinta libros.

Hace veintiséis años que está casado con su esposa Jamie, con quien tiene tres hijos. El mayor es ilustrador y animador; su segundo hijo es un baterista itinerante y productor de discos, y su hija hace poco sacó su primer disco. En su tiempo libre, Andrew se dedica a la apicultura, construye en seco paredes de piedra, hace jardinería, dibuja y duerme.